El cuento del
DRAGÓN

TANIS HELLIWELL

El cuento del
DRAGÓN

TANIS HELLIWELL

Publicado por Wayshower Enterprises

Biblioteca y Archivos de Canadá Catalogación en Título de Publicación: El cuento del dragón / por Tanis Helliwell.

Nombres: Helliwell, Tanis, autor.

Identificadores: Canadiana (impreso) 20240344782 | Canadiana (ebook) 20240344820 | ISBN 9781987831542 (tapa blanda) | ISBN 9781987831566 (Kindle) | ISBN 9781987831559 (EPUB)

Temas: LCSH: Dragones. | LCSH: Movimiento New Age. | LCSH: Espiritualidad. Clasificación: LCC BP605.N48 H45 2024 | DDC 299/.93-dc23

Portada de Nita Kay Alvaez y Melany Hallam

Imagen de portada "Jake" editada por Nita Alvarez. "Arte digital de hermosas nubes", "Te Kouma, Nueva Zelanda" y "Gradient Numerology" de Freepik.

Traducido por Ornella Quinteros.

https://www.tanishelliwell.com/

A Mahavatar Babaji,
dador de caminos y promotor,
sin el cual este libro
nunca se habría escrito.

Índice

Introducción

Los dragones son reales.

El cuento del dragón es una historia real de mis encuentros con dragones.

Rara vez se les ve, ya que existen en una frecuencia superior a la de nuestro acelerado mundo tecnológico. Pero eso está cambiando, ya que la posibilidad de que existan otros seres inteligentes y sus mundos está empezando a volver a entrar en la conciencia de la humanidad.

Si estamos abiertos a ver, hay pruebas abrumadoras de la existencia de dragones que se han transmitido a través de miles de años de tradición oral. Las referencias a los dragones se remontan a hace más de 4.000 años en Sumeria y la antigua Mesopotamia, donde la palabra escrita más antigua para el dragón era *usum-gal* (gal = grande / usum = serpiente). La estrella Alfa Draconis, que es el planeta natal del dragón, también se llama Thuban, que significa serpiente en árabe. Draconis se encuentra en la constelación de Draco, que fue la estrella del Polo Norte desde 3942 hasta 1793 a.C., y muchos mitos e historias sobre dragones provienen de esta época.En todo el mundo, y en muchos idiomas diferentes, la gente ha inventado palabras para describir a los dragones, pero la forma en que se los imagina, y si se los considera amistosos o mortales, varía mucho de una cultura a otra. En la mitología china y oriental, los dragones suelen ser benévolos, sabios, venerados y representan las fuerzas primigenias de la Naturaleza y el Universo. En cambio, los dragones europeos suelen ser malévolos. En la mitología griega, los dragones fueron una de las especies de los Titanes que los dioses olímpicos combatieron y sustituyeron. En el cristianismo, los dragones se identificaron con el mal. El Arcángel Miguel y San Jorge eran representados a menudo matando dragones, que se asociaban con la sexualidad y las primeras creencias paganas.

En Mesoamérica, el dragón aparece como la serpiente emplumada Quetzalcóatl. El culto a Quetzalcóatl comenzó en el siglo I a.C. y continuó hasta la llegada de Cortés a América a principios del siglo XVI. Quetzalcóatl es una figura parecida a Cristo de cuya madre se decía que era la Diosa Madre Creadora, Coatlicue, que formó todas las estrellas de la Vía Láctea.

Quetzalcóatl fue benévolo y se le atribuye haber ido al inframundo para crear a la humanidad para nuestro actual ciclo evolutivo del quinto mundo. Creó a los humanos a partir de los huesos de las razas anteriores y utilizando su propia sangre. Condujo a la humanidad hacia la civilización con la invención de los libros y el calendario, nos enseñó a cultivar maíz y, en ocasiones, fue símbolo de muerte y resurrección.

Cuentan las historias de todas las culturas que los dragones son seres de gran poder que saben trabajar con los cuatro elementos. Un dragón puede volar (aire); nadar (agua); vivir en cuevas (tierra); y respirar llamas (fuego).

Los dragones, como los ángeles y los elementales, son seres reales que existen en una frecuencia superior a la nuestra, razón por la cual pocos de nosotros los hemos visto. El Dragón Cósmico es un ser multidimensional y el conductor espiritual de los dragones, al igual que el Cristo Cósmico es el conductor espiritual de la humanidad. El Dragón Cósmico, un ser de gran sabiduría, se acerca a nosotros para observar y ayudar en el nacimiento de la Tierra y dar la bienvenida a nuestro planeta en la comunidad de planetas conscientes. El símbolo de este proceso se encuentra en la tradición china y se representa con un dragón que rodea el huevo cósmico.

Actualmente, el Dragón Cósmico está incubando a la Tierra, y el caparazón o anillo delimitador que rodea a la Tierra está empezando a resquebrajarse. Este Dragón Cósmico tiene la responsabilidad de abrir el anillo que protege a los habitantes de otros planetas de nuestro sistema solar y de otros sistemas solares de los humanos... y a nosotros de ellos.

El Dragón Cósmico trabaja con la energía kundalini de la Tierra, las líneas electromagnéticas, también conocidas como líneas del dragón, para catalizar una elevación de la conciencia de la Tierra. El Dragón Cósmico está trayendo nuevas energías cósmicas a nuestro sistema solar. Recoge las sustancias de los éteres, que son necesarias en la nueva era en la que estamos entrando. Este ser divino activa nuestros chakras superiores para que podamos entrar en un estado avanzado en nuestra evolución. Trabaja con la Junta Kármica de los humanos para definir exactamente en qué momento nuestra glándula pineal debe abrirse para despertar nuestro ADN dormido. De esta manera, la humanidad estará preparada para acceder a la información cósmica que no ha estado disponible hasta ahora.

Cuando empecé a escribir El *cuento del dragón,* no tenía ni idea de que el año siguiente sería el Año del Dragón de Madera según la astrología china. El momento parecía significativo. Era como si los Dragones Cósmicos estuvieran, de alguna manera, supervisando el libro. En la astrología china, el dragón, cuando se combina con el nutritivo elemento de la madera, trae evolución, mejora y abundancia; es el momento perfecto para rejuvenecer los comienzos y sentar las bases de un éxito duradero. Todas estas cualidades son muy necesarias en nuestro mundo asediado y el mensaje que los dragones quieren que los humanos entiendan es que están aquí para ayudarnos.

Prefacio

Un sueño de hace mucho tiempo y el mensaje de Babaji

Me despierto en una cueva. Todavía aturdida por el profundo sueño, inspecciono mi entorno preguntándome cómo he llegado hasta allí. Hay dos pilares gigantescos y gruesos que sostienen el techo y, cuando miro a mi izquierda, veo una roca inmensa. Confundida, intento comprender dónde estoy y me dirijo lentamente hacia una gran abertura que supongo que es la salida. Al mirar hacia abajo, veo que estoy a cientos de metros de altura.

Inmediatamente, doy un salto hacia atrás e intento controlar mi pánico creciente. ¿Cómo es posible? ¿Quién me ha traído aquí? ¿Qué ha ocurrido? Muchas preguntas y ninguna respuesta. Adentrándome en la cueva, miro a mi alrededor en busca de una puerta u otra salida que pueda explicar cómo he llegado hasta aquí. Nada. Al girarme de nuevo para mirar por la entrada, que parece ser mi única esperanza de escapar, me quedo atónita al ver varios dragones volando a la altura de mis ojos. Rojos, azules, verdes y envueltos en joyas.

No es una visión tranquilizadora. Sola. En una cueva. Rodeada de dragones. Me doy la vuelta y vuelvo a mirar la gran roca que vi al despertar. Tiene forma de huevo. Examino los dos pilares y descubro que lo que al principio pensé que eran contornos de ladrillos eran escamas y que en la base de los pilares había patas con garras. Patas de dragón.

En ese momento, todo encajó: estoy en la cueva de un dragón y un dragón me está incubando. Y pronto, una cría de dragón –mucho más grande que yo, dado el tamaño del huevo– saldrá de esa roca. El miedo me congela la sangre. Sin aliento, me despierto.

Puedo recordar cada detalle de esa visión consciente tan real, aunque haya ocurrido hace 30 años. A veces, los sueños y las visiones conscientes se quedan en el pasado y otras veces afectan el presente. Eso es lo que me ocurrió a mí.

Hace un año, ocurrió algo completamente inesperado y que cambió mi vida. Estaba meditando y saludando a cada uno de los maestros asociados con mi práctica de meditación. Uno de mis maestros es Mahavatar Babaji, el gurú inmortal que vive en el Himalaya y que se ha aparecido ante muchos estudiantes avanzados a lo largo de cientos de años. Normalmente, cuando lo veo, es más o menos de mi altura, que es muy baja para un hombre, y me da golpecitos sobre la cabeza, pero nunca me ha hablado.

En esta ocasión, sin embargo, creció en milésimas de segundo hasta alcanzar una altura increíble y me arrastró con él hasta que nos encontramos en un universo astral en el que pude ver la Tierra y otros dos planetas habitados. Me dijo:

—Ya has hecho bastante por los elementales –Luego, mirando hacia uno de los otros planetas, Mahavatar Babaji continuó– ¿Has pensado en los dragones?

Profundamente conmocionada, abrí inmediatamente los ojos para encontrarme de nuevo en mi cuerpo físico... jadeando. Me di cuenta del tremendo honor que suponía que Babaji me hablara y me diera un encargo. Sin embargo, había dedicado 30 años a escribir libros sobre los elementales y su mundo y no me entusiasmaba la responsabilidad de escribir sobre un reino de existencia nuevo y completamente diferente.

Aun así, no podía negar las muchas intervenciones significativas por parte de los dragones que habían ocurrido durante mi vida. Tampoco podía ignorar una petición de Babaji, que había pedido a Paramahansa Yogananda que escribiera sus muchos libros. Babaji nunca me había pedido nada anteriormente y yo confiaba en que sólo me pediría algo que fuera bueno tanto para los demás como para mí. Sin embargo, me demoré en tomar una decisión.

Una semana más tarde, mientras meditaba, Babaji, una vez más, me arrastró energéticamente al universo astral donde repitió su petición anterior. Esta vez no me sentí tan abrumada y aproveché la oportunidad para mirar a mi alrededor. Flotando en este plano elevado, vi tres mundos: la Tierra, el planeta Dragón, y otro planeta, que intuitivamente supe que era el mundo de la gente del mar, donde moran las sirenas y los tritones. Vislumbré un universo mayor que se extendía más allá de esos tres mundos, pero supe que no era mi tarea escribir sobre ello.

Volviendo mi atención al mundo de los dragones, me sentí atraído por un ser que deseaba comunicarse conmigo. Un instante después, estaba en presencia de un dragón grande y magnífico y sabía que estaba esperando pacientemente a que empezáramos el libro que Babaji había pedido. El dragón me resultaba familiar, aunque no estaba segura de si era la madre dragón o su cría en el huevo que había vislumbrado muchas décadas atrás. La pregunta seguía sin respuesta cuando abrí los ojos.

Los dragones
y
la Tierra

El día que conocí al dragón

Había pasado un año desde la petición de Mahavatar Babaji y, aunque de vez en cuando pensaba en intentar hablar con los dragones, estaba ocupada con otros proyectos y no tenía una sensación de urgencia. Ni una petición de Babaji ni un sueño visionario nunca olvidado fueron suficientes para incitarme a la acción.

Esto estaba a punto de cambiar.

Estaba en Francia preparándome para enseñar en el ashram de una gurú holandesa amiga mía. Conocí a Prajnaparamita hace unos ocho años en Holanda. Ella estaba allí dirigiendo *satsangs*, que son reuniones de personas que buscan la verdad espiritual, ya sea en diálogo o en proximidad, con un maestro iluminado. Nunca había asistido a un satsang de Prajnaparamita y me sorprendió cuando le dijo a uno de sus devotos que quería conocerme.

Llegó el día y me preparé para conocerla llevando una *kata*, un pañuelo blanco que simboliza la pureza y la compasión. En la tradición budista tibetana, el gurú bendice el kata y luego te lo devuelve para que recibas la bendición. Estaba esperando con mi amiga a que llegara el coche de Prajnaparamita. Cuando salió del lado del conductor, lo primero que pensé fue que debía de ser una gurú muy moderna para conducir ella misma. Iba vestida totalmente de blanco y su ondulado pelo rubio enmarcaba un rostro de amplia sonrisa. Como un león que se porta bien, emanaba poder y voluntad al mismo tiempo que sus ojos azules destellaban inteligencia y curiosidad. Prajnaparamita era una mujer corpulenta con una gran energía física y sentí una gran calidez por la sonrisa con la que me saludó.

Caminando lentamente hacia delante, le tendí la kata con las manos abiertas esperando que la bendijera y luego me la colocara alrededor del cuello. Cogió el regalo y, sin dejar de sonreír, se lo colocó alrededor del cuello. Luego me tendió otro pañuelo de oración, que contenía un precioso cristal con el que me bendijo. Sus acciones fueron inusuales e inesperadas, pues simbolizaban que nos reuníamos como amigas y camaradas que viven una vida espiritual, y no como devota y gurú. En los años siguientes, Prajnaparamita y yo nos encontramos en Holanda cada vez que ambas estábamos allí y ella me invitó a su ashram para enseñar sobre elementales, híbridos y la conciencia cuerpo-espíritu.

Tal vez te preguntes por qué una gurú iluminada invitaría a una persona como yo a enseñar sobre los seres del mundo astral. ¿No es el propósito de un gurú ayudar a otros a despertar a la Verdad de que toda forma es imaginaria e ilusoria? ¿Y mis enseñanzas sobre los reinos astrales no refuerzan la creencia en ellos y, por lo tanto, no tientan a otros a buscar experiencias en esos reinos? Esa es la pregunta que me hice al principio. Sin embargo, al profundizar, me di cuenta de que no había ningún conflicto entre el trabajo de Prajnaparamita y el mío. Todos los reinos, incluidos los mundos físico, astral y causal de la forma, son diversos aspectos del Espíritu, por lo que viajar a través de ellos hacia la consciencia es una forma viable de conocer el Espíritu. Mi don es ayudar a los demás a tomar conciencia en estos diversos mundos de la forma, y el don de Prajnaparamita es mostrar a los demás quiénes son realmente y acompañarlos como guía en el camino espiritual. Además, la pericia de Prajnaparamita no sólo ayuda a liberar a sus devotos del mundo físico, sino que les anima a abrazarlo plenamente llenando su ashram de hermosos árboles y exuberantes y saludables jardines.

Ese es el trasfondo de cómo, ocho años después, llegué a su ashram, La Roseraie de Sacha, en Francia, para impartir varios talleres breves. El ashram tiene 24 hectáreas, es decir, unos 60 acres, y a la mañana siguiente de mi llegada, Prajnaparamita me llevó a recorrer los jardines de alimentos, los huertos y los lugares de energía de la propiedad.

Pensé que estábamos terminando la visita cuando me miró y me dijo:

—Hace unos años vinieron a La Roseraie de Sacha dos pandits de mi linaje espiritual de la India. Bendijeron nuestro ashram con muchas ceremonias y *havans*. Un devoto de mi Gurú que ve reinos sutiles acompañaba a los pandits y, durante una de las ceremonias, observó la llegada de un dragón negro al bosque que adorna La Roseraie de Sacha. Nunca vamos a ese lugar para no molestar; sin embargo, me gustaría llevarte a ti para ver qué descubres.

Al oír sus palabras, tuve la certeza de que el dragón había venido por mí. Mientras caminábamos por el sendero cubierto de maleza que atravesaba el bosque, tuve tiempo de reflexionar sobre cómo mi sueño de hacía tanto tiempo y las instrucciones de Babaji me habían traído al momento presente. Ya no podía posponer más este encuentro. Llegamos a una parte del bosque densamente arbolada, sin limpiar y abandonada.

Volviéndose hacia mí, Prajnaparamita dijo:

—Nos han dicho que aquí es donde descansa el dragón. Les he dicho a los demás que no vengan a este lugar, pero me gustaría oír sobre cualquier cosa que averigües.

Sentí que el dragón me esperaba en las sombras y supe que quería hablar conmigo a solas. Me volví hacia Prajnaparamita y le dije:

—No es casualidad que el dragón y yo estemos aquí. En dos experiencias inolvidables, Mahavatar Babaji me llevó a una alta frecuencia astral donde señaló un planeta extraño y dijo «*Ya has escrito bastante sobre los elementales. ¿Qué hay de los dragones?*» Este mes se cumple un año desde que he sabido que tendría que cumplir su petición, pero quería completar mis otros proyectos. Supongo que mi tiempo de gracia ha terminado y ahora debo actuar.

Nos alejamos del lugar donde el dragón se guarecía y, dando media vuelta, salimos del bosque. Necesitaba prepararme para hablar con el dragón, intuía que nuestras conversaciones continuarían durante mi estancia allí. Ya no me sentía reacia a empezar y surgía en mí un suave entusiasmo por aprender algo nuevo. Y el momento era perfecto, ya que daba clases por las tardes y tenía las mañanas libres para estar con el dragón.

Llegó la primera tarde y los participantes estaban reunidos en círculo en el huerto. Me uní a ellos y me senté en una silla vacía, obviamente destinada a mí, mientras Prajnaparamita se sentaba en la silla de mi izquierda. Yo iba a enseñar sobre los elementales, ya que esto interesaba especialmente a muchos de los participantes, que tenían un interés especial en ellos. Empecé y estaba repasando los distintos tipos de elementales que podrían desear convertirse en sus compañeros elementales cuando, de repente, John, uno de los participantes, preguntó:

—Este es un lugar de dragones. ¿Qué significa eso para nosotros?

John formaba parte del ashram desde hacía más de diez años y sabía lo que el devoto había dicho sobre el dragón y dónde había aterrizado. Sin embargo, Prajnaparamita me había dicho antes que no deseaba que tratara el tema de los dragones en la propiedad, así que no estaba segura de cómo responder.

Mirando hacia Prajnaparamita, comprendí rápidamente su mirada de «*no lo discutas ahora*».

Volviéndome hacia John, le dije:

—No es el momento de discutir esto, ya que los dragones no son elementales. Volvamos a los elementales.

Volví al tema del día y guié a los participantes en una visualización para recibir compañeros elementales, así que todos continuaron agradablemente. A pesar de ello, me sentí incómoda por no haber dado a John una respuesta clara. Entonces, se me ocurrió una solución y, cuando terminó la sesión, hablé con Prajnaparamita.

—Voy a necesitar ayuda para llevar una silla y otras cosas al bosque para hablar con el dragón –dije– ¿Me preguntaba si podría pedirle ayuda a John?

—Sí, estaría bien –respondió–. Es sólo que no quiero que el tema del dragón se discuta en el grupo ahora mismo.

John es un hombre reticente y tranquilo, de estatura, peso y edad medios. Transmite la sensación de que siempre está dispuesto a ayudar donde haga falta, y también se complace en pasar a un segundo plano. Más tarde, me acerqué a John:

—¿Podríamos vernos mañana a las 9 de la mañana?

Parecía desconcertado, así que continué:

»Necesito que me ayudes a llevar una silla y algunas almohadas a la parte del bosque donde reside el dragón.

Hombre de pocas palabras, John asintió y supe que estaría allí con lo que quería a la mañana siguiente.

Me desperté temprano con el sonido de los pajarillos cantando a pleno pulmón. Una hermosa brisa entraba por la ventana del dormitorio. Tumbada en la cama, contemplé el día con sentimientos encontrados. Por un lado, me entusiasmaba saber más sobre los dragones y lo que querían compartir. Por otro, me preocupaba no ser competente porque nunca antes había hablado con dragones. Viejos sentimientos de fracaso me surgieron, para ser recibidos por un afán igualmente fuerte y una profunda confianza en mi visión con Babaji. Después de todo, si él sabía que yo podía hacerlo, ¿cómo podía dudar de mí misma? Me sentí fortalecida por la confianza que tengo en él y por cómo las circunstancias me habían conducido durante más de 30 años para llevarme a este lugar de encontrarme de nuevo con el dragón. Pero, ¿con qué dragón me encontraría? ¿Sería la madre que me había incubado o el que estaba en el huevo y era mi compañero de nido?

El desayuno fue un asunto apresurado y me dediqué a preparar el móvil para grabar cualquier conversación con el dragón y un cuaderno para empezar a escribir. Justo a las nueve de la mañana, unos golpes en la puerta anunciaron la llegada de John y nos pusimos en marcha en silencio. Menos mal que no quería hablar, pensé para mis adentros, así podría permanecer tranquila y centrada para la reunión que se avecinaba. Aunque he sido una mística toda mi vida y he visto muchos reinos astrales, en lo profundo sabía que tendría que acceder a frecuencias mucho más altas para entender todo lo que el dragón me dijera. En otras palabras, sería un esfuerzo espiritual.

Preocupada por mis pensamientos, me sorprendió lo rápido que abandonamos los soleados prados para adentrarnos en el oscuro bosque donde reinaba el silencio. John se detuvo de repente y esperó a ver cómo quería proceder. Le hice señas de que caminara delante, para que yo pudiera permanecer en un estado tranquilo y meditativo. Siguiendo el mismo camino que Prajnaparamita había tomado el día anterior, pronto llegamos a la guarida del dragón.

—¿Dónde pongo la silla? –preguntó John en voz baja, ya que éste era un lugar de voces apagadas.

—Aquí mismo y gírala hacia esos árboles –le contesté, haciéndole señas hacia el lugar donde sabía que descansaba el dragón.

John colocó con cuidado la silla en un lugar llano y la colocó en la dirección donde yacía el dragón. No podía ver nada, pero estoy segura de que sintió su presencia. Después de hacer lo que se le pedía, retrocedió cuidadosamente por el sendero hasta que ya no pude oírle. Estaba sola. Me senté muy despacio y, dejando el cuaderno en el suelo, cerré mis ojos físicos para abrir el tercer ojo, el ojo que utilizo para ver en los reinos superiores.

Inmediatamente, vi un gran dragón índigo de ojos dorados y feroz inteligencia que me devolvía la mirada. Una criatura salvaje, indómita, ingobernable, gigantesca, y algo con lo que no podía identificarme fácilmente. Sin embargo, de algún modo, sentí que estaría a salvo. El dragón estaba enroscado con su enorme cola alrededor del cuerpo en posición relajada. Su elegante cabeza, ancha en la frente y con una fina nariz, era tan grande como todo mi cuerpo, y sus orificios nasales estaban abiertos y extendidos. Su boca era similar a la de un dinosaurio carnívoro, con dientes afilados. Tenía un áspero colgajo de piel de aspecto plumoso que le colgaba un poco más atrás de la barbilla y continuaba por la garganta. Sobre sus grandes ojos había unos penachos que parecían cejas. Sus orejas, largas y puntiagudas, se parecían a las de los elfos y podían cerrarse cuando el dragón se sumergía en el agua, dormía o bloqueaba sonidos desagradables. Su cuello, largo y flexible, estaba muy musculado para sostener su gran cabeza. Su cuerpo estaba bien formado, ni gordo ni flaco, y parecía pesar muchas toneladas.

El dragón permitió pacientemente que lo examinara y, cuando le pedí telepáticamente que se pusiera de pie para poder determinar la longitud de su cuerpo, obedeció de buen grado. Sin la cola, su cuerpo medía fácilmente 4 metros y medio o más, y sus cuatro patas, fuertes y escamosas, parecían sólidos troncos de árbol. Sus patas no eran delicadas, sino musculosas y capaces de sostener grandes pesos, mientras que cada una de sus cinco garras era tan larga como mi antebrazo. El cuerpo del dragón era negro azulado, más negro en la parte superior, con un azul índigo iridiscente en el vientre. Este color continuaba por sus patas, pero no se extendía a las garras, que eran de color carne.

A cada lado del cuerpo del dragón había dos alas gigantescas. Se asemejaban a un abanico plegable con una doble articulación, de modo que podían comprimirse fácilmente contra el cuerpo del dragón cuando estaba tumbado o parado en reposo. Pude ver la importancia de esa característica para maniobrar entre los densos árboles donde el dragón elegía descansar. Mientras estudiaba sus alas, el dragón me envió una imagen telepática de su extensión completa. Cada una duplicaba el tamaño de su cuerpo. Cuando estaban abiertas, eran de un rico color índigo salpicado de rojo y otros vibrantes tonos joya, que brillaban como gemas. Su larga cola con escamas tenía la misma longitud que su cuerpo. La cola se bifurcaba en el extremo y tenía forma de timón plano con una pieza vertical que permitía al dragón dirigirse por el aire.

Tras estudiar su cuerpo con todo detalle, volví a fijarme en sus intensos ojos dorados como los de una serpiente con el centro negro. Mientras lo hacía, el dragón, sabiendo que mi examen había terminado, se relajó en una posición de reposo calculada para resultar lo menos intimidatorio posible. Esperó a que entrara en un estado de calma interior antes de dirigirse a mí.

—He estado esperando a que vinieras a mi mundo para que hablemos –empezó diciendo el dragón–. Te has retrasado; por eso he venido a hablar contigo. Hay un agujero en el espacio- tiempo que me permite venir aquí desde Draconis, donde vivo.

Su voz era baja y profunda y hablaba suavemente, para no abrumarme. No sentí que me estuviera regañando... simplemente transmitiendo un hecho. Esto me permitió permanecer receptiva y tranquila mientras esperaba a que el dragón continuara.

—Nunca nos conocimos. Yo era el ser que estaba en el huevo que incubó nuestra madre. Somos hermanos de nido. Tú eres mi hermana de nido aunque seas un ser tan diferente a mí. Nuestra madre tomó los recuerdos de todos los dragones y nuestro padre catalizó estos recuerdos para crearme a mí. De esta manera, la información sobre los dragones y nuestro mundo se despertaría en mí al nacer. Los dragones podemos hacer esto. Podemos decidir qué recuerdos de nuestros antepasados conservaremos y transmitiremos a nuestra descendencia. Podemos recordar a nuestros antepasados incluso hasta el antepasado primigenio. Y podemos recitar el linaje. Cuando va a nacer un nuevo ser, reforzamos los recuerdos que son más importantes que el ser conozca para cumplir su propósito. Nuestra madre fue elegida por esta razón. Como es una guardiana de la sabiduría del linaje índigo, puede conservar estos recuerdos con más fuerza y durante más tiempo que otros dragones. Algunos linajes de dragones son más nuevos, pero el nuestro es antiguo.

A medida que el dragón hablaba, se hizo evidente que *eso* era un él y que iba a convertirse en mi contacto principal. Me decepcionó por varias razones. Habría preferido hablar con la que él llamaba nuestra madre de cría, que, según él, era sabia. Él era un jovenzuelo, así que ¿cuánto podía saber? Y para ser sincera, me abrumaba el tamaño de cualquier dragón y pensé que una hembra podría haber sido un poco más pequeña.

—Estás decepcionada por no haber conseguido a nuestra madre –dijo–. Eso no fue posible porque yo soy el portavoz de los dragones ante los humanos. Este es el papel que he estado preparando a lo largo de muchas vidas. Podrás hablar con nuestra madre y con miembros de otros linajes una vez que tú y yo nos conozcamos más.

Conocía tan bien mis pensamientos que me di cuenta de que no podría ocultarle nada. Por desgracia, no podía oír todo lo que pensaba.

—Pero puedes oír lo que estoy pensando –dijo, comentando, una vez más, mis pensamientos no expresados–. Déjame que te lo explique. Los pensamientos están en capas. Es fácil oír los pensamientos actuales y fuertes porque están cerca de la superficie de tu mente. Por eso pude oír lo que pensabas en mi presencia. Es más difícil escuchar pensamientos más antiguos, o profundamente arraigados, incluso olvidados. Yo también puedo hacerlo, pero requiere más esfuerzo. Nuestros viejos dragones pueden oír todos tus pensamientos, ya sean recordados o no, sin ningún esfuerzo.

—Puedo oír lo que dices aunque no uses palabras –le digo–. Veo imágenes y oigo pensamientos. ¿Es así como lo hacen los dragones?

—Oyes lo que quiero que oigas porque proyecto mis pensamientos hacia ti –replicó– No podrías oír lo que yo no proyecto. Yo, como todos los dragones, puedo oír lo que está oculto o latente en tu interior. Sin embargo, debo decir que es un enredo de pensamientos y sentimientos dentro de los humanos, mientras que dentro de los dragones es claro y preciso.

—¿Y eso podría deberse a que somos de razas diferentes? –pregunté, tratando de no ofenderme.

—Parcialmente –concedió–. Los dragones habitamos en frecuencias más altas y hemos aprendido en nuestra larga historia a aquietar nuestras emociones y pensamientos. Los humanos también aprenderán a hacerlo.

Estaba pensando en lo que decía cuando anunció:

—Ya basta por hoy. Tu concentración no es tan buena como podría ser y tenemos que ir despacio para que pases a la frecuencia superior donde viven los dragones. Ven aquí mañana por la mañana.

Con esas últimas palabras, me despachó. Dejé mi silla, que John recogería más tarde, y me retiré. Mientras serpenteaba por el bosque y los prados hasta la comodidad de mi habitación, digería lo que había dicho el dragón. Era un macho y, según él, mi hermano de nido, pero ¿qué quería decir exactamente con ese término? Qué interesante que se refiriera a su madre como *nuestra* madre. Yo soy un ser humano, no dragón, así que me extrañó su elección de palabras. Sin embargo, era cierto que me había visto a mí misma en su cueva en mis meditaciones.

Tenía curiosidad por ver qué más tenía para contarme el dragón y muchas ganas de descubrir mi propósito en ese mundo. Si él era el elegido para comunicarse conmigo, la humana, entonces ¿yo sería la elegida para hablar con él, el dragón? Y, de ser así, ¿qué sucedería a continuación?

Las respuestas a estas preguntas tendrían que esperar. Aunque el dragón había hecho un monólogo en nuestro primer encuentro, intuí que pronto continuaríamos con un diálogo, ya que nuestro primer encuentro fue más bien una presentación. Supongo que así lo hacen los dragones. Tenía mucho que aprender.

El dragón y el fuego sagrado

Aquella noche celebramos una ceremonia de fuego en el pequeño edificio octogonal hecho de paja y barro que estaba en el límite del bosque, no muy lejos de donde estaba el dragón. Un *havan*, como se acostumbra en la India, es una bendición para todos los asistentes, y las oraciones y mantras se extienden en espiral y bendicen la Tierra y los mundos espirituales. Este *havan* fue un poderoso acontecimiento dirigido por tres devotos, uno de los cuales era John. Los tres habían sido formados por pandits del linaje de Prajnaparamita y llevaban 20 años ofreciendo ceremonias. Los tres devotos ofrecieron incienso, ghee, grano y otras cosas al fuego y nos guiaron en los cánticos y honrando a los grandes seres y a los elementales de la tierra y yo recé por una bendición para el dragón.

Durante la ceremonia, cada uno de los tres devotos eligió a un tercio de nuestro grupo para bendecirlo colocando las cenizas sagradas del fuego sobre nuestro tercer ojo. John vino a bendecirme. Mientras me colocaba las cenizas en la frente, oí la voz del dragón que interrumpía mi meditación: «*Tráeme las cenizas mañana por la mañana*».

Su voz oscilaba entre la petición y la exigencia. No me ofendí porque me di cuenta de que me trataba como lo haría con uno de los suyos.

Mientras Prajnaparamita y yo salíamos del edificio tras la ceremonia, me volví hacia John y le pedí por favor que dejara la silla en el *havan* con las cenizas para que, juntos, las lleváramos al bosque a la mañana siguiente.

John, que nunca ha sido un hombre de muchas palabras, asintió con la cabeza.

A la mañana siguiente, a las 9 en punto, llamaron ligeramente a mi puerta.

Juntos llevamos las cenizas y la silla al bosque y, al llegar a la guarida del dragón, John preguntó:

—¿Dónde quieres que ponga las cenizas?.

Me volví para ver dónde las quería y el dragón se puso de pie. Inclinando la cabeza sobre su pecho, indicó que las cenizas se depositaran en el suelo, justo delante de él. Le pedí a John que lo hiciera.

Avanzando con cautela e inclinándose en señal de reverencia, colocó las cenizas exactamente donde se le pedía. Una vez hecho esto, sin dejar de inclinarse, retrocedió hasta situarse de nuevo a mi lado.

Le di las gracias a John y esperé a que saliera del bosque. No pretendía ser reservada, pero sabía que tanto el dragón como Prajnaparamita sólo me querían a mí allí.

Cuando el dragón estuvo satisfecho de que estuviéramos solos, empezó a consumir las cenizas con gran fruición, acompañado de muchos suspiros de placer. Cuando hubo terminado, se tumbó para no empequeñecerme con su tamaño y, mirándome, comenzó su discurso.

—Ingerir estas cenizas bendecidas por un fuego sanador cataliza los recuerdos de los antepasados de mi linaje, así como los de todos los linajes de dragones. Esto me ayudará a relatar su historia, su linaje y cómo trabajan con la Tierra. Anoche, pusieron sus oraciones en el fuego y las quemaron con aceite. Cantaron para invitar a los maestros humanos a venir y consagrar el fuego. Pidieron una bendición para los elementales, la tierra y otra para mí. Agradezco el homenaje.

—¿Cómo sabes todo lo que pasó? –pregunté asombrada.

—Todo lo que ocurrió está en las cenizas que consumí y en tus pensamientos –respondió–. No somos elementales que desean jugar y divertirse contigo, ni somos espontáneos como ellos. Somos poseedores de sabiduría. Pensadores profundos. Viajamos por las profundidades del espacio entre mundos y algunos de nosotros incluso viajamos entre galaxias a lo largo de la red de luz que llamamos líneas del dragón. Lo hacemos mediante una profunda concentración.

Muchas preguntas rondaban mi mente mientras él hablaba. El dragón, al notarlo, se detuvo y me lanzó una mirada de «*No digas nada...*» que, como puedes imaginar, bastó para que volviera a ponerme en modo escucha.

»Los dragones han venido a este planeta durante eones –continuó–, desde el momento en que estalló por primera vez de la idea a la forma. Estamos aquí para catalizar el nacimiento de la Tierra... para prestar nuestra sabiduría y energía de fuego al proceso. Con nuestro fuego sagrado, que exhalamos desde nuestro ser, dimos forma a la conciencia y la encendimos en la memoria etérica de la Tierra. Sabíamos que esto iba a crecer y evolucionar con el tiempo para crear todas las formas de vida que han tenido, que tienen actualmente y que tendrán en el futuro. Esta es nuestra misión - no sólo con su planeta, sino con muchas razas en evolución en este universo.

Nos ha encomendado esta misión el que ustedes llaman Dios, el Creador. Nosotros llamamos al Creador la Fuente de Todo. La Fuente de Todo es la fuente de nuestro fuego y, a diferencia del fuego externo que ustedes crearon en la ceremonia de anoche, nosotros creamos un fuego sagrado en nuestro interior. Incluso una pequeña cría de dragón recién nacida puede crear una chispa. Nace con toda la materia prima en su interior para hacerlo. Surgimos de la Fuente de Todo encarnando la capacidad de sostener los cuatro elementos de tierra, aire, fuego, agua, e incluso más elementos, tanto en equilibrio como en forma.

Cuando digo forma –continuó–, no me refiero sólo a la realidad física, tridimensional, en la que eres consciente de la forma. Trabajamos en 12 dimensiones y algunos de los más más grandes - los maestros entre nosotros, los eternos - viajan de galaxia en galaxia. Hay 12 dimensiones en esta galaxia y hay dimensiones aún más elevadas más allá de ésta.

Aunque me intrigaba lo que decía, me abrumaba la velocidad a la que hablaba y no dejaba de sentir que me quedaba atrás.

Inmediatamente percibió mi problema y dijo:

—Te oigo reflexionar sobre mis palabras y percibo tus limitaciones para comprender plenamente lo que significan mis palabras. Te insuflaré mi esencia y te bendeciré para que viajes conmigo en la comprensión.

El dragón no esperó a que asintiera y no me dio tiempo a temer lo que podría suponer insuflarme su esencia. En lugar de eso, tomó aire y exhaló sobre mí. Su aliento agitó mi pelo y mi cara y creó una brisa entre los árboles cercanos. Gracias a Dios, no había fuego real, pensé. En su lugar, sentí como si hubiera exhalado una bendición similar a la que había sentido anteriormente del Espíritu Santo.

—Tu aliento se siente como el del Espíritu Santo, el mismo Espíritu Santo que apareció sobre las cabezas de los discípulos de Jesús en Pentecostés –le dije al dragón, rompiendo mi obligado silencio–. Me parece interesante ya que estamos a pocos días de Pentecostés y he tenido muchas experiencias en las que recibí bendiciones con fuego en ese día.

El dragón esperó pacientemente a que terminara de hablar y me alivió que no pareciera ofendido por mi intervención. Las leyendas dicen que los dragones son orgullosos, así que tal vez no le importó que halagara su bendición de fuego. Me miró sonriendo divertido y contestó:

—En los primeros, primeros tiempos, respirábamos sobre los humanos y otros seres para catalizar sus despertares, su evolución, su desarrollo, su sabiduría. Luego, a medida que avanzaba la evolución de la humanidad, los humanos empezaron a temer nuestro fuego y dejaron de querer nuestra bendición. Querían seguir su propio camino. Los humanos empezaron a sentir que éramos un peligro, una amenaza, y que éramos malvados. Por esta razón, crearon historias de querer matar dragones. Así, durante milenios y milenios, no hemos sido hermanos y hermanas en el camino para volver a la Fuente de Todo.

Cuando digo volver a la Fuente del Todo, no lo digo en el sentido pequeño que tú entiendes que es que para iluminarte, debes sacrificar tu identidad y derrumbarte en la divinidad. No, no, no. No es lo mismo para nosotros.

»Desean esto porque los humanos se han desviado tanto en su evolución que tienen un profundo anhelo de volver a lo que llaman Edén, a la inocencia de estar en la Fuente de Todo. Los humanos sienten un profundo odio por sí mismos, aunque ninguno de ustedes es consciente de ello.

—¿Por qué nos odiamos a nosotros mismos? –pregunté antes de que pudiera decir nada más. Estaba decidida a que nuestra comunicación fuera un diálogo, no un monólogo.

Sonrió con indulgencia, si es que enseñar los dientes podía considerarse una sonrisa. Su sonrisa era la indulgente tolerancia de un ser sabio y anciano que sabía lo que yo pensaba y sentía mucho antes que yo.

»¿Por qué nos odiamos a nosotros mismos? –repetí, aferrándome obstinadamente a mi deseo de dialogar– ¿Puedes decirme por qué?

Su sonrisa se convirtió en paciencia.

—Los humanos se sienten culpables de lo que han provocado en este hermoso planeta –respondió a mi pregunta–. Por eso tienen el deseo de entregar todo aquello en lo que se han convertido para volver al corazón de la Fuente, donde desean permanecer. Emmm... Emmm... Y algunos de ustedes, los llaman *bodhisattvas*, desean reencarnar de nuevo en la consciencia para ayudar a todos aquellos humanos que aún luchan en el camino y para pagar la deuda que sienten que tienen.

Estaba reflexionando sobre lo que había dicho y quería reconocer la verdad de sus palabras cuando me orientó en otra dirección.

»Sé que entiendes lo que digo, Tanis. Tu nombre Tanis es interesante. ¿Oyes la 's' de serpiente? La 's' de Tanis indica que posees energía de serpiente.

—¿Qué 's' de qué serpiente? –pregunté, insegura de que esto fuera deseable en términos humanos.

—Las serpientes y los dragones están emparentados. Somos sus antepasados. Quizá recuerdes que en sus mitos solían llamar serpientes a los dragones –respondió, con una sonrisa de «*mira qué listo soy*» calculada para impresionarme con sus conocimientos sobre los humanos.

—Antes de seguir, tengo una pregunta que no puede esperar interrumpí. Parece que sabes mi nombre, pero yo no se el tuyo. No puedo seguir llamándote «el dragón». ¿Cómo te llamas?

—No sabrías pronunciarlo –respondió, encogiendo sus enormes hombros y exhalando con actitud de *ay de mí que tengo que comunicarme con esta humana*.

—Inténtalo –insistí.

—Ahí va. Es Jaakelousekindvron –respondió, dejándome a mí la tarea de deletrearlo, dado que había muchos resoplidos y gruñidos entre las letras.

—Gracias –dije contenta–. Tengo una idea para que a esta humana lerda le resulte más fácil llamarte por tu nombre. Los humanos, como tú, que eres un dragón inteligente, debes saber, suelen usar apodos. ¿Qué tal si te llamo Jake?

Entrecerró los ojos y me miró con tanta intensidad que me pregunté si habría cometido una terrible torpeza y lo había insultado gravemente.

Al darse cuenta del efecto que estaba causando, rompió a reír:

—Jajaja… es perfecto. Me gusta. Sí, acepto Jake como mi apodo humano… pero ¿qué significa? Los nombres de dragón siempre captan la esencia del dragón y quiero asegurarme de que el nombre Jake me queda bien.

—En nuestros mitos del inglés antiguo, el nombre *drake* se utilizaba para un joven dragón macho que acababa de abandonar el nido.

—Continúa... –dijo, posponiendo pacientemente el juicio.

—Drake se ajusta a lo que eres como dragón; sin embargo, es demasiado impersonal si vamos a desarrollar nuestra relación. Después de todo, si eres mi hermano dragón, cosa que, por cierto, aún no entiendo del todo, me gustaría llamarte por tu nombre.

Dejé mi pregunta en el aire y esperé que me contara algo más sobre nuestra relación, pero dejó pasar mi deseo y, en su lugar, dijo:

—¿Me cuentas más sobre mi nombre?

—Los humanos, como los dragones, necesitan el nombre adecuado y Jake me vino a la mente. Significa humanitario y estás trabajando con un humano. Además, significa generoso, honesto, brillante, inventivo, inspirado. ¿Crees que este nombre te describe? –le contesté.

—Por supuesto –dijo con una sonrisa.

Me di cuenta de que estaba disfrutando de la alegría de probar algo típicamente humano, pero yo tenía otra pregunta apremiante.

—Hace un minuto, Jake –le dije, probando su apodo– hablabas de nuestro deseo humano de volver al Edén. En nuestras historias bíblicas, mitos podrías llamarlas, afirmamos que la serpiente nos tentó para que abandonáramos el Edén diciéndonos que comiéramos del Árbol del Conocimiento. ¿La serpiente era un dragón?

—Sin duda –dijo Jake–. Sin embargo, no nos vemos de la forma negativa en que nos han pintado sus mitos. Estábamos trabajando en el Edén, que es un reino vibratorio superior, para catalizar su energía kundalini y llevarlos a la sabiduría. Esto se hizo de acuerdo con nuestro don de dragón en nombre de la Fuente de Todo, a la que llaman Dios.

Tú posees esta energía –repitió, reconduciendo nuestra conversación hacia lo que quería decir–. La energía kundalini, esta energía de dragón, viene a través del linaje de tu madre. Sí, sí, sí. También a través del linaje de tu padre. Por eso te hemos elegido a ti para que arraigues este mensaje en tu mundo. Lo harás escribiendo un libro. Sabemos que lo hiciste durante más de 20 años llevando a individuos a lugares sagrados situados en las líneas del dragón de la Tierra. Bendijiste estos lugares y abriste su energía para sanar la Tierra. Estas líneas de dragón son el equivalente de la energía kundalini en tu cuerpo.

—Siempre he sentido que estaban relacionados –comenté–. Por eso, cuando meditábamos o hacíamos rituales en lugares sagrados a lo largo de estas líneas de dragón, también nos curábamos. ¿Son estos nodos de poder, como Newgrange en Irlanda y la Pirámide de Giza en Egipto, el equivalente de los chakras en el cuerpo humano?

—Correcto. Y trabajar con estas energías catalizó tu energía espiritual –reconoció Jake–. Sin embargo, hay limitaciones en tu comprensión y yo te ayudaré a entender mejor la conciencia del dragón.

—Los dragones son maestros de los cuatro elementos de tierra, aire, fuego y agua, pero hay elementos en frecuencias más elevadas que los humanos aún no han descubierto, y también trabajamos con estos elementos. La conciencia colectiva de los dragones, de la que yo no soy más que un portavoz, un mensajero, busca transmutar estos elementos superiores. En vuestros términos, somos alquimistas que transmutan vuestro equivalente del plomo en oro, o del carbón en diamante.

—Estoy intentando seguirte –confesé– ¿Podrías darme un ejemplo con el que pueda identificarme?

—¡Muy bien! –respondió–. Hay cristales en la glándula pineal y estos cristales potencian la sabiduría a medida que los humanos evolucionan en consciencia. Los dragones diferimos en que el cristal está en toda nuestra mente de dragón. No usamos la palabra cerebro como ustedes porque no somos sólidos en la forma en que conciben lo sólido.

—Bien, estoy contigo hasta ahora. ¿Puedes hablar más sobre estos cristales en tu mente?

—Por supuesto –respondió Jake–.

Sus ojos se animaron mientras hablaba y noté lo feliz que estaba de compartir su avanzada sabiduría.

»Cada célula de nuestro cuerpo de dragón tiene estos cristales. Cuando digo cristales, no pienses en cristales de roca física. Nos referimos a la esencia de la que están hechos los cristales en frecuencias más elevadas. Estos cristales están en todo nuestro cuerpo. También están en el cuerpo humano, pero permanecen dormidos en este momento. Estos cristales están empezando a despertar en la humanidad y este proceso continuará durante los próximos 2000 años de lo que ustedes llaman la «*Era de Acuario*». Los dragones están ayudando a catalizar estos cristales dormidos en la humanidad para ayudarlos a evolucionar a frecuencias más elevadas.

—¿Hay algo en mi experiencia que me ayude a relacionar lo que quieres decir con que los humanos tenemos estos cristales en nuestro cuerpo en frecuencias más altas? –pregunté esperanzada.

—En efecto –respondió, enviándome una mirada penetrante–. En los sueños de vigilia y en la meditación profunda, cuando ves a amigos y maestros espirituales muy evolucionados en el mundo astral, notas que sus ojos a menudo parecen luces de cristal que giran. En eso se convertirán todos los humanos, en una vida de cristal.

—Tienes razón. A menudo veo a estos seres en el mundo astral con ojos de cristal, pero ¿cómo lo sabes?

—Si me concentro, puedo ver exactamente lo que tú ves, no sólo físicamente, sino en frecuencias más altas –respondió–. Sin embargo, no me distraigas. Quiero explicarte lo de los dragones. Los dragones almacenamos la memoria en todo nuestro cuerpo mediante cristales vivos, aunque hay un foco más concentrado en la zona de la cabeza. ¿Por qué? Porque nosotros, como los humanos, nos desarrollamos más en el área de la cabeza en nuestra evolución. Pero cuanto más tiempo llevamos evolucionando y más mayores somos, más se distribuyen estos cristales por todo nuestro cuerpo.

»Y a medida que envejecemos –continuó–, nos hacemos más grandes. Algunos de los más, más, más antiguos son, en tus términos, inmensos, más grandes que un transatlántico.

Jake empezó a reírse de algún chiste interno, así que, con la esperanza de compartir su diversión, le pregunté:

—¿Qué es tan gracioso?

—Me divierte comparar a nuestros grandes con un transatlántico y mi asociación es válida porque viajan entre las estrellas. Así que, en ese sentido, los viejos dragones son como un transatlántico consciente.

Debió de oírme preguntarme si tendría la suerte de conocer a alguno de estos viejos, porque interrumpió mi ensoñación.

—Me has preguntado porqué un joven como yo sería el indicado para hablar contigo. Mmm... Mmm... principalmente por dos cosas. Bueno, podría decir diez cosas, pero para no abrumarte, te daré dos. En primer lugar, nuestra madre es del linaje de los guardianes de la sabiduría. Ella recibió los recuerdos de todos los linajes de dragones, para que yo naciera con todos sus recuerdos. Los dragones prefieren conservar sólo los recuerdos de su linaje y para mí es una carga conservar los recuerdos de todos los linajes.

»En segundo lugar, nuestro padre es un dragón muy antiguo y él catalizó estos recuerdos. Los antiguos, que viajan entre las estrellas, guardan los recuerdos de todos los linajes. Sin embargo, me dieron sólo un poco. En tus términos, lo llamarías una dosis homeopática. Me prepararon. Ellos construyeron esta forma. La crearon a propósito. La Fuente de Todo supervisó este proceso para que yo pudiera venir con estas dosis homeopáticas a las frecuencias de la Tierra para hablar contigo. Y cuando digo frecuencia de la Tierra, no me refiero a la Tierra física. Me dirijo a ti desde las altas frecuencias astrales y causales inferiores. Este reino es muy sutil, donde creamos la forma con el pensamiento. Tiempo antes, no habrías estado preparada para recibir estas energías, estos recuerdos. Eras demasiado densa, demasiado desordenada, y tu mente no estaba lo suficientemente clara. Ahora estás preparada. Es suficiente por hoy. Mañana, continuamos.

Con esa despedida, vagué de vuelta por el bosque y llegué a casa para tumbarme.

Hacía falta mucha energía para continuar con estas entrevistas o lo que fueran. En realidad, me parecían más bien transmisiones o enseñanzas. Aunque me permitía hacer preguntas, sabía que mi mente trabajaba muy lentamente para él y que, telepáticamente, conocía mis pensamientos y sentimientos antes que yo.

Cómo viajan los dragones a través del espacio-tiempo

A la mañana siguiente, me levanté temprano e hice mis ejercicios de energización antes de ir al templo para la meditación de las 7 de la mañana. Los residentes del ashram recitan el mantra Gayatri para empezar cada día. Aunque Prajnaparamita me dijo que no era necesario ir y que ella no participaba, me sentí atraída a unirme a ellos por el poder de su meditación.

El mantra Gayatri, pronunciado por primera vez en el antiguo Rig Veda, está dedicado a la Fuente de Todo, el Creador, también llamado el Gran Sol Central, en agradecimiento por nuestra vida. Aunque recitar el Gayatri Mantra no ha formado parte de mi práctica de meditación, me senté en silencio entre ellos y dejé que las olas de bendición me bañaran. La gratitud llenó mi corazón, no sólo por mi vida, sino también porque había venido al ashram. Una vez terminados los rezos, nos sentamos en silencio durante otros 30 minutos, lo que me permitió meditar y ordenar mis pensamientos para el día siguiente.

Ahora sabía que dedicaría las mañanas a hablar con Jake y tuve la suerte de no tener que enseñar hasta las tardes. Prajnaparamita dirigía los satsangs por la tarde, así que pude disfrutar de un maravilloso equilibrio de meditación, aprendizaje sobre dragones, enseñanza de lo que había venido a compartir e ingesta de alimento espiritual por las noches.

John me estaba esperando a las 9 de la mañana y juntos nos dirigimos al edificio del havan para recoger mi silla. A estas alturas, ambos teníamos claro que lo más inteligente era dejar la silla allí, en lugar de cargar con ella a diario desde mi pequeña morada. Me di cuenta de que John tenía curiosidad por saber qué decía el dragón; sin embargo, respetuosamente no interrumpió mi silencio. Cuando llegamos al edificio del havan, recogió la silla, la llevó al bosque y la colocó en su lugar habitual, mirando en la dirección en la que sabía que se agazapaba el dragón. En silencio, retrocedió hasta dejarme sola.

Esta mañana, antes de dirigirme a Jake, decidí invocar al linaje de Maestros con los que medito. Pensé que si me ayudaban, sería más fácil recibir la transmisión.

Inmediatamente, Jake se enfadó y, sacudiendo la cabeza con fastidio, dijo:

—Éste no es el lugar para invocar a tus maestros humanos, ya que su energía es diferente de la mía y de lo que deseo transmitir. Crea un obstáculo en lugar de un vínculo entre nosotros.

Sorprendida por su reacción, le respondí:

—¿Cómo puede ser entonces que Mahavatar Babaji señaló tu mundo para preguntarme si consideraría la posibilidad de hablar con los dragones?.

—Puede ser –respondió–. Sin embargo, él no te trajo a nuestro mundo, ¿verdad? Sólo te señaló el camino.

—No dudo de que él podría ir a tu mundo en un segundo –repliqué–. Tendría una conexión más íntima con ustedes en su supuesta evolución avanzada de la que yo jamás podría esperar tener.

—En eso tienes razón –concedió–. La energía de los grandes maestros, como Babaji, ya no es humana. Ya no es de ningún linaje en particular. Han regresado a la Fuente del Todo y pueden viajar en el espacio y el tiempo como nosotros. Sin embargo, y este es un punto muy importante, cada maestro humano tiene su nota y su vibración específica. Sus notas, cuando piensas en los maestros en su forma humana, no están totalmente alineadas con nuestra resonancia dracónica.

—Qué interesante –dije, ansiosa por comprender–. ¿Podrías explicar por qué sus vibraciones no están alineadas?

—Es como tener un bosque de manzanos y plantar un cerezo en medio. El cerezo no encaja en el bosque de manzanos. El camino evolutivo que han tomado los maestros humanos está impreso en ellos como lo está en todas las razas, incluso después de haber regresado a la Fuente de Todo.

—Siempre he pensado que sería así –reconocí–, así que me tranquiliza lo que dices. Si es así, ¿cómo mantienes tu nota cuando hablas conmigo, un ser humano? ¿No te resulta difícil mi nota, mi vibración?

—Para que pueda mantener mi nota pura y mi resonancia de dragón fuerte para ti, es mejor que no invoques a tus maestros humanos porque la forma en que te identificas con ellos es a través de sus personalidades humanas. Cuando piensas en ellos y en sus enseñanzas humanas, la energía no está en resonancia con nuestro linaje de dragones. ¿Se entiende?

Me inquietaba su petición, ya que, en el fondo, quería asegurarme de que los maestros humanos me protegerían de cualquier cosa que el dragón (incluido mi supuesto *hermano de nido*) dijera que no estuviera alineado con mi linaje humano.

Al percibir mis pensamientos, Jake quiso tranquilizarme:

—Si no puedes rezar a los maestros humanos para que te protejan de mí, aumenta tu desconfianza hacia mí, ¿no?

—Por supuesto que sí –respondí y añadí:– ¿Por qué pasa esto? ¿Tienes una solución para que pueda confiar?

—Sospechas no sólo porque soy un dragón, sino también porque soy de un color índigo- negro que asocias con el rayo de la magia. Esto viene de tu conocimiento de magos negros que robaban poder a otros. Tu referencia humana es correcta, estoy en el rayo de la magia. Pero decir que soy malvado no ayuda. Ya soy lo suficientemente diferente de tu evolución como para crear más bloqueos entre nosotros –aparte de las diferencias que ya conocemos– que impidan una transmisión clara.

—Tienes razón en que desconfío de los del rayo de la magia por culpa de los magos negros ¿Qué puedes decir para ayudarme a aliviar esta sospecha?

—Simplemente, tienes prejuicios. Tienes un bloqueo. ¡Supéralo!

Mientras Jake hablaba, me envió una fuerte imagen telepática de cómo percibía mi aferramiento a viejos prejuicios y pude ver a través de sus ojos que estaba siendo terca e incluso infantil.Ver esta imagen de mí misma fue de una ayuda increíble y pude extender esta visión a otras formas en las que podía estar aferrándome a viejos prejuicios que necesitaba reconsiderar.

Esperó pacientemente antes de volver a hablar.

—Los dragones índigo que llevan la nota mágica, o vibración, si prefieres esa palabra, son los que viajan por el espacio profundo. El vacío del espacio profundo es donde existe el potencial no manifestado y viajamos a otras galaxias pensando adónde queremos ir. Somos los guardianes de la ley de otras razas en evolución. Creamos caminos estelares entre mundos y otras civilizaciones. Otros planetas. Otros sistemas solares. Galaxias. Hemos adquirido gran flexibilidad porque entramos en contacto con muchas razas. Esta flexibilidad es lo que me permite hablar con ustedes, hacerme entender en sus limitados términos humanos. Los dragones utilizan la telepatía desde hace mucho tiempo. Así que para nosotros, aunque tengas un excelente desarrollo como humano, sigues siendo un novato. Por eso elegimos a un novato para hablar contigo. No podrías hablar con un antiguo en este momento.

No me impresionó mucho ni que me considerara limitada ni su tono arrogante. Enseguida captó mi disgusto e intentó seguirme la corriente.

»Tal vez, a medida que profundicemos nuestra conexión y compartamos nuestra esencia, llegará el momento en que puedas hablar con una antigua. Ciertamente, está previsto que hables con nuestra madre. Cuando digo previsto, piensas que está predestinado.

—Es correcto, eso es lo que pienso. ¿Entiendes estos términos de otra manera? –pregunté, confundida.

—Vemos el destino de lo que va a ocurrir, mientras que los humanos, con su concepto de libre albedrío, intentan controlar cada paso de las elecciones que hacen. Los humanos se preguntan: «¿Qué elijo? ¿En qué dirección voy? ¿Doy un paso atrás? ¿Doy un paso adelante?» Los humanos pierden mucha energía. Para los dragones es diferente. Sentimos nuestro destino predestinado en cada cristal de nuestro cuerpo. Para cumplir mi destino, sólo necesitaba verme aquí hablando contigo para que sucediera. Este es el camino que los humanos recorrerán en última instancia y, al ir al pasado y al futuro, ya lo has experimentado. No obstante, tú y la humanidad aún están dando los primeros pasos. Para nosotros, los dragones, es nuestra forma usual de viajar, mientras que para ustedes, humanos, es algo excepcional que ocurra esto.

—Me pregunto si la capacidad de viajar al pasado y al futuro mediante visualizaciones guiadas es un paso en la dirección correcta hacia su capacidad de viajar en el espacio y el tiempo.

—Hay niveles –respondió Jake–. La visualización es el primer paso y transportarte físicamente a otro tiempo en el que has tenido una encarnación es un paso más.

—Los maestros humanos avanzados, como Mahavatar Babaji y Jesús, eran capaces de aparecer físicamente en más de un lugar y ser vistos por muchas personas al mismo tiempo. ¿Es este un paso aun más desarrollado? –pregunté.

—Así es, de eso estoy hablando –respondió–. Y tu trabajo con el elemental del cuerpo, el espíritu del cuerpo[1], dará a la gente la base para poder hacer esto. A medida que los humanos trabajen más estrechamente con su inteligencia corporal, aprenderán a viajar en el espacio y el tiempo y luego a viajar a frecuencias más elevadas fuera del espacio y el tiempo, como podemos hacer los dragones.

—Bien, tengo curiosidad. ¿Por qué tu forma de viajar es superior a la de nuestros grandes maestros humanos?

—Me malentiendes. Sus grandes maestros pueden viajar y manifestarse como nosotros los dragones, pero no lo demostraron a los humanos menos desarrollados. Habría sido inútil, ya que nadie en un determinado estadio de evolución podría comprender lo que te estoy diciendo ahora.

—Entonces, ¿por qué hablar conmigo y, sobre todo, pedirme que escriba sobre viajar fuera del espacio y del tiempo, si no tiene sentido? –dije, un poco confrontativa.

Jake sonrió, indicando que apreciaba que me volviera más fogosa. Tal vez, esta era la forma en que los dragones hablaban entre sí.

—En respuesta a tu excelente pregunta, Jesús vivió hace 2000 años y lo que era cierto en aquella época ya no lo es ahora. Te estoy hablando desde un mundo de forma que está más allá del mundo de forma que normalmente conoces. Estoy en mi mundo meditando y contemplando en quietud mientras hablo contigo. Podrías decir que soy un holograma hablando contigo, pero eso situaría lo que soy en un contexto humano limitado.

—Mi cuerpo en el mundo astral superior del dragón ha creado la forma que ves en el mundo astral inferior humano. Mi forma en mi mundo crea esta forma para hablar contigo.

—Wow –dije–. Necesito aclarar si los mundos astrales superior e inferior son los mismos para ti que para mí. Uno de los más grandes discípulos de Mahavatar Babaji, Swami Sri Yukteswar, se le apareció físicamente después de su muerte a su discípulo, Paramahansa Yogananda, y le pidió que escribiera sobre los diversos mundos astrales en *La Autobiografía de un Yogui*[2].

Sri Yukteswar dijo: «*Hay muchos planetas astrales, repletos de seres astrales... Del mismo modo que muchos soles y estrellas físicos vagan por el espacio, existen también innumerables sistemas solares y estelares astrales. El universo astral ordinario* (no el cielo astral más sutil de Hiranyaloka, donde trabajaba Sri Yukteswar) *está poblado por millones de seres astrales que han venido, más o menos recientemente, de la Tierra, y también por miríadas de hadas, sirenas, peces, animales, duendes, gnomos, semidioses y espíritus, todos ellos habitantes de diferentes planetas astrales.*»

—Así es –dijo Jake–. Hay muchos planetas astrales que existen en varias frecuencias y los dragones viven en un planeta de un reino astral elevado cercano a Hiranyaloka. Los seres de nuestro reino son más mentales, mientras que los de reinos inferiores son más emocionales, pero tanto los dragones como los humanos siguen existiendo en mundos de forma astrales.

—Así que los humanos se rigen más por sus emociones que los dragones –respondí.

—Sí. Nuestras capacidades mentales están más evolucionadas y no es fácil transferir lo que sé a sus términos humanos.

—Aprecio tu trabajo –dije, recordándome a mí misma que debía dejar de ser sensible a sus palabras cuando sentía como si estuviera menospreciando mi actual estado de evolución y el de otros humanos.

Jake suavizó inmediatamente su forma de abordar el tema en un mayor esfuerzo por cuidar la relación.

—Se podría decir que nuestro momento presente juntos está más allá del espacio y del tiempo. No es algo en lo que pensar. Se sabe. Es un concepto difícil para los humanos, que hacen preguntas como: ¿Te mueves físicamente? ¿Qué sientes emocionalmente? ¿En qué piensas mientras viajas a otras galaxias por esos caminos de luz a través del espacio profundo? No hay mejor palabra en el vocabulario humano para lo que intento transmitir que decir, como ya he dicho, que yo y otros dragones conocemos esta realidad. No hay movimiento. Simplemente es. Y en todas las células cristalinas de nuestro cuerpo de dragón, somos esta realidad, al igual que somos un equilibrio de tierra, aire, fuego y agua.

Jake hizo una pausa para evaluar mi reacción y para ver si había dado su mensaje de forma entendible y agradable.

Rápidamente para reforzar sus esfuerzos, le dije:

—Gracias por aclararme la forma en que eres capaz de viajar y hablarme y por compartir que los maestros humanos pueden hacer lo que tú haces. Esto me da esperanzas para el futuro, ya que es algo que me encantaría hacer, al igual que a la gran mayoría de los humanos probablemente.

—Bien –replicó, aliviado–. Sin embargo, si estás de acuerdo, considero que es mejor dejar esto aquí por hoy para darte tiempo a asimilar nuestra discusión. Podemos continuar mañana.

—Estoy de acuerdo –respondí y solté el aire que ahora me daba cuenta de que había estado conteniendo. Me alegraba estar incluida en la decisión, que se estaba convirtiendo cada vez más en un viaje de aprendizaje mutuo.

Mi linaje dragontino

Dejé a Jake y volví a mi habitación para asearme y almorzar con Prajnaparamita. Siempre almorzaba y cenaba con ella, momento en el que compartíamos nuestras vidas y nuestras formas de percibir. Ella estaba ansiosa por oírme hablar del dragón y de los diversos reinos astrales por los que yo andaba, mientras que yo estaba ansiosa por comprender cómo una persona iluminada percibe nuestro mundo cotidiano y en qué se diferencia de cómo lo hacen las personas no iluminadas. Aunque teníamos algunos dones diferentes, coincidíamos en que ambas estábamos comprometidas con el servicio, la enseñanza y el enraizamiento de nuestro trabajo en la Tierra.

Estábamos almorzando cuando Prajnaparamita abordó el tema del dragón.

—¿Puedes contarme lo que dice el dragón? –preguntó.

Jake ya me había pedido que, si me preguntaban, sólo diera un resumen, así que respondí:

—Es pronto y nos estamos conociendo; sin embargo, puedo contarte un poco. Es el joven dragón que estaba en un huevo cuando viajé a su mundo en una visión hace muchas décadas.

—Lo entiendo –dijo–, pero ¿por qué está aquí?

—Creo que ha venido sobre todo por mí. Lleva un año esperando para hablar conmigo y cuando los pandits hicieron la ceremonia del fuego, encontró una oportunidad perfecta para venir a donde yo estaba

—¿Crees que la ceremonia del fuego lo atrajo? –preguntó, obviamente curiosa porque no se buscaba este resultado al llevar a cabo rituales con fuego.

—A los dragones les encanta el fuego y el fuego bendito es un manjar especial para ellos... como el chocolate lo es para nosotras –dije y sonreí, ya que a las dos nos encanta el chocolate–. Sin embargo –añadí– creo que está aquí principalmente por mí, pero es extraño que haya elegido venir aquí en vez de a mi casa en Canadá. Dicho esto, la temperatura aquí puede superar los 40 ºC (104 ºF) grados en verano, y a los dragones les gusta el calor.

Terminamos y ya me iba cuando Prajnaparamita me dijo:

—Avísame si recibes alguna otra información que creas útil que yo sepa.

—Por supuesto –acepté, y salí por la puerta.

La mayoría de los devotos llevaban muchos años comprometidos con Prajnaparamita. Unos pocos eran residentes, pero la mayoría había venido por los temas que yo enseñaría. Estábamos sentados en círculo en el huerto y el sol calentaba agradablemente tras una primavera fresca. Por suerte, las temperaturas seguían rondando los 20 grados centígrados. A diferencia de mi amigo el dragón, a mí no me entusiasmaban las temperaturas superiores a los 30 grados centígrados. Nos rodeaban sanos manzanos, perales, castaños y abedules, y las golondrinas nidificantes se abalanzaban para atrapar insectos voladores con los que alimentar a sus pichones. En resumen, un entorno campestre idílico.

El primer día había enseñado sobre los elementales y este día estaba enseñando sobre los híbridos humanos. En mi libro *Híbridos: Así que crees que eres humano,* hablo de la posibilidad de que 22 razas diferentes, algunas de las estrellas y otras de la Tierra, se hayan encarnado en nuestro genoma humano. A estos los llamo híbridos. Entre estas razas hay elementales, ángeles, delfines y –supongo que no es ninguna sorpresa– dragones.

Por la reacción de Prajnaparamita unos días antes, sabía que no quería que hablara del dragón del bosque con el grupo. Por lo tanto, sólo hablé de las características de las personas que podrían ser híbridos de dragón y no toqué el tema del dragón residente.

—Quiero saber más sobre el dragón que vive aquí –preguntó uno de los participantes.

Esperando evitar responder a su pregunta, le contesté:

—El dragón es sólo un híbrido y lo mejor es hablar de él en el contexto de los 22 posibles híbridos que tú y los demás podrían ser y hacer un ejercicio para que descubras cuál eres.

—Me gustaría saber si hay un dragón aquí y qué es lo que quiere –insistió y esta vez muchas otras personas asintieron con la cabeza.

¡Uf! Estaba atrapada entre los deseos de Prajnaparamita y también los del dragón y los del grupo. No fue una experiencia agradable y no había forma de satisfacer a todos.

—No puedo hablar de esto ahora –dije, más firme.

—¿Por qué no? –preguntó, antes de añadir– ¿A quién más le gustaría saber sobre el dragón que vive aquí?.

Se levantaron muchas más manos.

Prajnaparamita estaba sentada a mi lado, interesada en los temas que yo enseñaba.

En este punto, dio por concluido el debate con un

—¡Ahora no!

Me alegré de que hubiera cerrado la discusión. Además, no me gustaba compartir información nueva hasta que tenía tiempo de procesarla. A menudo me he dado cuenta de que la información nueva, ya sea que provenga de elementales, dragones u otros seres, está en bruto y necesito tiempo para traducirlo a términos humanos antes de que esté listo para el consumo general.

Había muchas caras de decepción. Afortunadamente, después de guiarlos en un ejercicio para descubrir su linaje híbrido, volvieron a sentirse satisfechos. Cuando terminé de enseñar, me fui a dar un tranquilo paseo por el camino rural que linda con la propiedad. Es demasiado fácil sentarse para enseñar, sentarse para meditar, sentarse para el satsang y sentarse para hablar con el dragón mientras el día se evapora. Caminar por la naturaleza me permite no pensar en nada más que en la belleza de mi entorno y me ayuda a enraizarme en la Tierra. Cuando camino, surgen nuevas ideas, las preguntas reciben respuesta y se digiere nueva información. Un tiempo de pausa es esencial para escribir y pensar sobre cualquier cosa. Incluso cuando estoy en casa trabajando con el ordenador, suelo pasear por la casa y por el exterior, si el clima lo permite, para despejarme. Durante esta pausa, muchas preguntas que no puedo responder, o decisiones que no puedo tomar, se aclaran.

El tiempo que pasé lejos de Jake me permitió contemplar no sólo lo que había dicho, sino también por qué había decidido hablar conmigo.

Sí, había visitado su mundo mientras soñaba despierta, pero ahora empezaba a preguntarme si había una razón más significativa por la que me había buscado. De hecho, empezaba a sospechar que tenía otra realidad en el mundo de los dragones. Permítanme explicar lo que quiero decir.

Jane Roberts, en su libro *Oversoul Seven*, escribió hace muchas décadas sobre cómo un alma puede existir simultáneamente en muchas encarnaciones. Cuando leí originalmente el libro de Roberts, descubrí que estaba de acuerdo con su premisa; sin embargo, yo sólo me veía encarnando y viviendo»» al mismo tiempo en la Tierra.

Años más tarde, amplié mi visión de lo que era posible cuando me vi en las Pléyades sentada sobre un montículo de lo que parecían cráneos humanos. Parecía humana, como si los cráneos fueran de la misma raza que yo, pero tenía un aspecto muy severo, no humano. Estaba relacionada con la muerte, como Kali, la diosa hindú de la muerte.

En otra ocasión, en una segunda visión despierta, me vi viviendo en un mundo elemental, pero no como elemental, sino como humana, una «*mujer sabia*» –como me llamaban los elementales. Debido a estas dos experiencias, no era difícil imaginar que había tenido otra vida en un cuerpo similar al humano en el mundo de los dragones y eso explicaría cómo me vi en una cueva con dragones. Sé distinguir entre la fantasía y las visiones reales, y estas experiencias eran sin duda del segundo tipo.

Sabía que no podría descansar hasta preguntarle a Jake si había pasado tiempo en su mundo. Como era el final del día, John, el encargado de trasladar mi silla, ya la habría llevado de vuelta al edificio del havan para pasar la noche. Sin embargo, aún podía ir al bosque y quedarme de pie mientras hablaba con Jake.

Di media vuelta y volví a subir por el camino rural y atravesé el prado en dirección al bosque. Me abrí paso entre los árboles y llegué al círculo sombreado donde solía tumbarse. Estabilicé los pies en el suelo, cerré los dos ojos exteriores y abrí el interior. Allí estaba, observándome.

—No es imprescindible que vengas aquí a hablar conmigo –dijo, pareciendo un poco perturbado por mi interrupción–. Puedes hacerlo con la misma facilidad en tu sofá.

—Es bueno saberlo –dije–. Aún así, viendo que estoy en el ashram donde empezamos a hablar, pensé que nuestra conexión podría ser más fuerte aquí.

—Quizá eso era cierto al principio, cuando alineábamos nuestras frecuencias, pero ahora cualquier lugar es bueno siempre que puedas entrar en un estado tranquilo, calmado y receptivo.

—Ya que estoy aquí, ¿podrías responder a una pregunta? – Pregunté antes de perder ese estado de calma que él requería.

—Ya conozco tu pregunta y la respuesta es sí –respondió Jake.

Viendo que no quería confusiones, añadió:

»Es decir: sí, vivís simultáneamente en muchos mundos y uno de ellos es nuestro mundo dragón.

Esperó pacientemente a que sus palabras calaran. Mientras tanto, ante esta confirmación de mi presentimiento, surgían otras preguntas.

—En el mundo de los dragones, me veo con aspecto humano. ¿Te parezco así en tu mundo?.

—Sí y no –respondió secamente.

—Definitivamente necesito más información que un sí y un no –le dije, frustrada por su falta de detalles–. Sí, ¿a qué? No, ¿a qué?

—Muy bien –aceptó–. Puedo decírtelo; sin embargo, podrías resolverlo tú misma si no dudaras de tu intuición.

—Tal vez sea así –concedí–. Sin embargo, aunque tenga una intuición, es bueno que me la confirmen... con palabras, por favor.

—A lo largo de muchas vidas has desarrollado la capacidad de viajar a varios mundos. Al principio, viniste en tu imaginación y más tarde desarrollaste la capacidad de vivir en estos mundos.

—¿Cómo es posible si estos mundos no están hechos para los humanos?. –pregunté, queriendo entender los retazos que había visto durante décadas.

—Puede que no estén hechos para humanos físicamente, pero en las frecuencias astrales superiores donde existen estos otros mundos, no tienes un cuerpo físico. Si te relacionas contigo misma con tus ojos humanos en mi mundo de dragón, entonces sí, te ves en un cuerpo humano. Sin embargo, eso es suponer que sólo tienes un cuerpo humano y esa es una suposición errónea.

—Dios mío –exclamé–. Esto es mucho que asimilar.

—Claro, es porque te estás viendo como un ser terrestre con cuerpo humano –replicó, sacudiendo la cabeza en lo que yo interpreté como frustración por mi lenta percepción.

—Casi puedo entender lo que dices. Entonces –pregunté–, si me veo como un ser humano en el mundo de los dragones, ¿es así como me ven también ustedes?

—Sí, vemos el holograma del cuerpo humano físico que proyectas. Sin embargo, en las realidades superiores, puedes elegir el cuerpo que desees. Puedes ser un dragón en el mundo de los dragones y tener otro cuerpo en otro mundo.

—¿Es así como lo hacen los maestros? –pregunté con curiosidad.

—Sí y no –respondió Jake, pidiéndome que descifrara lo que estaba diciendo.

—Maldita sea, otra vez eso no –dije, frustrada.

—Respondo con precisión a tus preguntas para llevarte a la respuesta correcta que, dadas sus ideas preconcebidas, puedes entender —dijo, sonriendo satisfecho de sí mismo.

—Déjame adivinar —respondí, deseosa de quitarle su mirada autocomplaciente—. En los reinos superiores, los maestros no necesitan un cuerpo físico de ningún tipo porque son seres de energía luminosa.

—Cierto —respondió Jake, feliz de conceder este punto—. Conoces la respuesta a la mayoría de tus preguntas, pero dudas de tu intuición porque va en contra de cómo tu mundo ve la realidad, incluso las llamadas realidades superiores. En parte, mi razón para estar contigo es ayudarte a despejar tus dudas, para que puedas viajar más libremente por esas realidades superiores. Te recomiendo que me tomes como un hermano dragón. Hacerlo te ayudará a renunciar a tu visión restringida de ti misma como sólo humana.

Mirándome con compasiva indulgencia, me dijo:

—Por hoy es más que suficiente. Hasta mañana. Descansa bien esta noche, hermanita.

Con esa despedida, volví a mi habitación agotada. Había mucho que asimilar y empezaba a sentir que hablar con mi hermano dragón estaba elevando mi frecuencia. Como había dicho cuando nos conocimos, necesitaba crecer espiritualmente, y estaba disfrutando de su ejercicio de aprendizaje superior. Decidí abrazar a Jake como mi hermano dragón, tal y como me recomendó para intentar deshacerme de mi rígida identificación como humana.

Rezagados en la Tierra

Estaba ansiosa por continuar mi conversación con mi hermano dragón y al día siguiente salté a través de la pradera hasta el bosque. Los pájaros cantaban y el mundo estaba en paz. Entré en el bosque y me dirigí a paso ligero hacia su guarida. John ya había colocado mi silla en el lugar habitual, así que ya estaba preparada. Me senté, cerré los ojos y me preparé para la siguiente entrega de los temas que Jake quería tratar cuando el sonido de un cortasetos rompió la paz.

—Seguro que parará pronto –dije, esperando que se detuviera–. El penetrante sonido se hizo cada vez más fuerte y cercano mientras yo me concentraba infructuosamente en mantener la calma. Jake ya estaba harto.

—Te resulta difícil mantener la concentración con esta interrupción. Creas bloqueos en tu energía para resistir un sonido desagradable, en lugar de fluir en nuestra conversación juntos.

—Estoy de acuerdo, pero quizá el ruido termine dentro de un minuto –insistí. Me resistía a pedirle a la persona que parara, ya que Prajnaparamita le habría pedido que hiciera lo que estaba haciendo.

—Detenlo ya –replicó Jake con fiereza, sin admitir negación alguna. –Aunque esté hablando contigo como un holograma avanzado, sigue perturbando mi vibración soportar estos sonidos desagradables.

Me puse en pie de un salto y fui rápidamente a pedir al cortasetos que se detuviera. Llevaba orejeras para protegerse los oídos y no oyó que me acercaba. Efectivamente, era una de las personas de mi curso que había mostrado interés por los dragones. Tuve que ponerme justo delante de él para que se diera cuenta de mi presencia. Se quitó las orejeras y esperó a que hablara.

—Estoy meditando en el bosque, William –le dije–. Si pudieras trabajar en otro sitio, te lo agradecería.

Asintió con la cabeza y, notablemente, no preguntó por qué estaba en la zona reservada al dragón, y se marchó. Agradecida por su cooperación, y tomándome mi tiempo para recuperar la calma interior, caminé lentamente hacia Jake.

—No somos una raza tecnológica –empezó antes de que pudiera decir una palabra. – Ésta no es la línea por la que nos hemos desarrollado. Al ser una mezcla de cuatro elementos, y aún más elementos que aún no conoces, somos capaces de hacer todo lo que tú harías utilizando la tecnología mediante la alineación de nuestra esencia con la Fuente de Todo.

—Me gustaría saber más de tu mundo–le pedí, esperando que accediera.

—Nuestro mundo, que pronto visitarás, tiene maravillosas montañas, lagos, cristales y minerales. Nuestros sentidos se nutren y alimentan de sonidos y vistas agradables.

—Los elementales me han dicho que son capaces de tomar la esencia de la comida que les dan los humanos. ¿Sus sentidos se alimentan de sonidos y ambientes encantadores? –pregunté con curiosidad

—Somos seres de gran poder y longevidad y alimentamos nuestros sentidos con placer, igual que tú te alimentas con comida física. Los humanos creen que los dragones son carnívoros que quieren comer ganado y ciervos y eso es ridículo. Está muy por debajo de donde estamos en la evolución.

—Entonces, ¿por qué nuestras historias humanas hablan de dragones haciendo esto? –pregunté, confundida.

—Te lo explicaré –dijo Jake–. En épocas anteriores, llegaron a tu mundo algunos dragones que eran, en tus términos, rezagados. Nacemos... Hmmm... perfectos. Sin embargo, algunos no eran completamente perfectos y necesitaban más disciplina. Eran rezagados en el camino de la evolución del dragón. Se podría decir que estaban lisiados o subdesarrollados. A veces, cuando ocurre esto, enviamos a los rezagados a frecuencias más bajas, donde pueden estabilizarse y sanar, en lugar de intentar ayudarlos en la frecuencia en la que vivimos los dragones.

Tuve una corazonada de en qué lugar de baja frecuencia estaba pensando Jake y no me hizo ninguna gracia. Él, por supuesto, captó mis pensamientos.

—Permíteme darte un ejemplo con el que podrías identificarte –dijo en tono de disculpa–. Piensa en lo imposible que sería para una persona en primer grado en su sistema escolar cursar una carrera universitaria. Cuando uno de los nuestros está en primer grado, lo llevamos a planetas con una frecuencia más baja donde puede aprender a estabilizarse. Cuando van a una frecuencia más baja, no pueden vivir de la esencia de sus sentidos porque la frecuencia es demasiado baja para alimentarlos. Por lo tanto, tienen que arreglárselas con lo que haya disponible.

—¿Por eso comían ciervos y ganado y a veces humanos en la Tierra?. –pregunté, ya que no estaba dispuesta a aceptar lo que habían hecho los dragones.

—No te precipites y malinterpretes lo que digo –dijo Jake, dirigiéndome una mirada regañona–. Por eso tus mitos sobre dragones hablan de que quieren encontrar joyas y cristales para llevárselos a sus guaridas. Los rezagados iban a cuevas donde había cristales y gemas semipreciosas porque allí la energía era más fuerte para que descansaran y durmieran. En las cuevas de cristal, podían dormir durante eones en un estado semidespierto aprendiendo a estabilizarse. Cuando esto ocurría, no necesitaban comer porque absorbían la esencia de estos cristales y gemas.

—Me parece recordar algo sobre que los dragones también quieren oro. ¿Es así?

—Es cierto porque el oro es el metal que posee la frecuencia más alta de la Tierra.

—Creo que lo entiendo. ¿Así que lo que los humanos ven como codicia es en realidad comida para los dragones?

—Exactamente –respondió Jake–. Si los dragones eran molestados en sus guaridas donde esta comida estaba disponible, habrán tenido que recurrir al ganado vacuno y ovino para procurarse al menos algún alimento.

Me di cuenta de que había omitido convenientemente lo de comer humanos, pero decidí no hacerle preguntas al respecto. Demasiado tarde, captó mi fugaz pensamiento y respondió.

—Los rezagados preferían no estar cerca de los humanos porque éstos los cazaban mientras estaban en proceso de curación. Además, los humanos valoraban los cristales, las gemas y el oro y malinterpretaban la razón por la que los dragones querían estas cosas. Si molestaban mucho a los dragones, podían volverse locos y entonces recurrir a comportamientos desagradables contra los humanos.

—Te agradezco que me expliques las realidades más profundas que se esconden tras nuestros mitos humanos sobre los dragones. Me ayuda a sentir más compasión por los dragones que han venido a nuestro planeta.

Mi hermano dragón se detuvo un momento y sentí que sopesaba qué decir a continuación. Empecé a captar los gestos sutiles que utilizaba cuando pensaba, y noté que sus cejas plumosas empezaban a agitarse... una señal inequívoca de que intentaba decidir qué decirme.

Tomó una decisión y continuó:

—Entre ustedes había algunos que podían conversar con los dragones incluso en su estado caído. De seguro en su estado caído, porque los dragones sanos,

al proceder de un mundo de frecuencia superior, se sentirían superiores a los humanos y no tendrían ningún deseo de comunicarse con ustedes. Debido a sus retrasos en el desarrollo, los rezagados se sentían separados de la Fuente de Todo y de otros dragones. La mayoría no quería bajar aún más su frecuencia hablando con humanos, pero unos pocos sí. ¿Tienes alguna pregunta?

Jake levantó la ceja derecha y me miró significativamente, invitándome a hacer una pregunta. Me pareció extraño que no me dijera lo que quería decirme y, en cambio, me enviara a un juego de adivinanzas.

—Por favor, dime más sobre los rezagados que hablaban con humanos. –inquirí, con la esperanza de estar haciendo la pregunta correcta. Sonrió con divertida tolerancia y me di cuenta de que los acertijos formaban parte de la técnica de enseñanza utilizada por los dragones y que yo había resuelto este y había ganado el premio de su respuesta.

—Durante miles de años, hubo un pequeño número de rezagados que hablaron con los humanos. Casi se podría decir que se hicieron amigos, pero esa no sería la palabra adecuada. Lo hacían porque se sentían solos y los humanos eran lo más parecido a un ser sensible como ellos. Además, habían perdido la capacidad de aumentar su frecuencia a un nivel lo suficientemente alto como para volver a nuestro mundo de dragones. Estos rezagados se dieron cuenta de que estarían separados de nosotros para siempre, así que unos pocos de ellos hablaron con los humanos. Esta comunicación dependía de muchas cosas, como la conciencia y el interés del humano, el entorno en el que vivía y la motivación del dragón.

—En una vida anterior, tú fuiste uno de estos humanos –dijo mi hermano dragón–. Debido a esto, nuestras frecuencias están mejor alineadas que si tú y yo tuviéramos que alinearnos desde cero. Tu experiencia de vida anterior con un dragón hace que nos sea más fácil comunicarnos y entendernos mejor.

—No puedo decir que me sorprenda esta revelación –respondí–. He sospechado que hace cientos de años tuve una vida asiática, probablemente china, en la que hablaba con un dragón. Me he visto como un hombre vestido con hermosas túnicas de seda y he tenido la sensación de ser un erudito. ¿Es ésa la vida a la que te refieres?.

—Lo es –respondió y me sonrió con indulgencia, como si fuera el orgulloso hermano mayor de un hermano pequeño.

—Sin embargo, hay algo que me resulta confuso –dije, queriendo una aclaración–. Mencionaste que los dragones de la Tierra eran todos rezagados y no siento que estuviera hablando con un ser demente e inestable ni que corriera peligro de matarme. ¿Por qué?

Mi amigo dragón echó la cabeza hacia atrás y se echó a reír. Intrigada sobre por qué le hacía tanta gracia mi pregunta, esperé pacientemente.

Sin dejar de sonreír, Jake centró sus ojos en mí y dijo:

—Los humanos tienen cuidadores que se ocupan de las personas con discapacidades; los dragones tenemos nuestro equivalente. Nuestros cuidadores venían de vez en cuando a la Tierra para ver cómo estaban los rezagados y comprobar si alguno había progresado lo suficiente como para volver a nuestro mundo dragón. Nuestros cuidadores llevaban cristales que contenían frecuencias curativas más altas, tanto para dárselos a los rezagados como para colocarlos en sus cuevas. Esto fue para ayudar a los rezagados a elevar sus frecuencias.

—¿Hablé con uno de los cuidadores? –pregunté, esperando haberlo hecho.

—Los dragones son curiosos por naturaleza –respondió, desviando mi pregunta–. Una de estas cuidadoras que, por cierto, es de un linaje especial, mientras trataba de hacer su trabajo, buscó por los alrededores los mejores entornos para ayudar a los rezagados. En aquella época, la civilización china era más avanzada y de mayor frecuencia que la europea. Por lo tanto, la cuidadora sugirió a los rezagados más avanzados que residieran en China y otros países asiáticos. Uno de los más avanzados eligió hablar con usted.

—No sé si sentirme halagada o insultada –dije–. No me parece que me hablara un dragón enfermo mental. ¿En qué sentido era un rezagado y cómo sabes esto?

—Los recuerdos de cada dragón y su historia los guardamos nosotros –respondió Jake–. Los cuidadores tienen la responsabilidad de llevar la historia de los rezagados a nuestro mundo. Necesitamos esta información para decidir con quién queremos procrear y qué cualidades deseamos y cuáles no.

—Ya veo. Entonces, en respuesta a mi otra pregunta, ¿en qué sentido era un rezagado el dragón con el que hablé?.

—Empecemos por su fuerza –dijo Jake, retóricamente–. El dragón que habló contigo era un erudito y pertenecía a ese linaje entre nosotros. Se sintió atraído por ti porque tú también eras un erudito. Y al compartir sus conocimientos sobre dragones, esperaba preservar estas cualidades deseables tanto en él como en tu mundo. Te enseñó estas cualidades positivas y, en el mundo asiático, ayudaste a establecer el mensaje de que los dragones eran poderosos aliados. Como los dragones son longevos, sabía que había tenido éxito en su tarea y esto le mantenía cuerdo y estable. Además, el hecho de que los emperadores se alinearon con los dragones alimentó su orgullo y autoestima. Todas estas son cualidades deseables para los dragones.

—Me alegro de saber que ayudé a estabilizar al menos a un dragón y a evitar que los dragones fueran odiados en Asia como lo eran en Europa. Pero aún me gustaría saber en qué sentido era un rezagado.

—A eso iba –resopló mi hermano dragón y pude notar que mis continuas preguntas lo estaban cansando–.Era demasiado emocional.

—Emocional –repliqué–. ¿Qué emociones son inaceptables para los dragones? Oh, déjame adivinar, es la ira, ¿no?

—¿Por qué eliges la ira? –preguntó Jake, intrigado por mi perspicacia.

—Tengo un vago recuerdo de que el dragón que hablaba conmigo tenía mal genio y que yo tenía que tener cuidado de no decir nada que pudiera enfadarle. Era impredecible y aterrador cuando se enfadaba.

—Tienes razón. Ese era su problema –respondió–. Me sorprende que lo recuerdes. Muy propio de un dragón tener una memoria tan increíble de sus vidas pasadas.

—Me gustaría oír... –Empecé, pero me cortó.

—Es suficiente por hoy. Nos vemos mañana –dijo y desapareció.

Me levanté de la silla y volví caminando por el bosque y la pradera hasta mi pequeña morada. Me alegré de tener un breve descanso antes del almuerzo y de mi sesión de la tarde. Disfruté mucho del equilibrio entre el tiempo a solas con mi hermano dragón, el tiempo disfrutando del almuerzo con Prajnaparamita y el tiempo enseñando al grupo. El tema de hoy iba a ser el elemental del cuerpo, la conciencia dentro de nuestro cuerpo, el espíritu del cuerpo.

Después de almorzar tranquilamente con Prajnaparamita, me dirigí al huerto y estaba introduciendo el tema cuando John interrumpió:

—¿Podríamos hacer algo para trabajar con los árboles? Están sufriendo con los veranos calurosos y la falta de lluvia, y siento una conexión con ellos.

Dejando que mis ojos recorrieran el grupo, dije:

—Podemos hacerlo si la gente prefiere concentrarse en curar los árboles; sin embargo, entonces no tendremos tiempo para trabajar con el elemental del cuerpo. ¿Podrían levantar la mano los que prefieran trabajar con los árboles?.

La mayoría levantó la mano, así que rápidamente acepté:

—De acuerdo, árboles será.

Al no poder darles la información que buscaban el día anterior sobre el dragón, ahora estaba más que feliz de ir con su primera opción.

—Cuando ayer hicimos el ejercicio sobre los híbridos –pregunté–, ¿alguien descubrió que era un elfo de los bosques o un deva de los árboles? Ambos híbridos tienen una fuerte conexión con los árboles.

Al menos una cuarta parte de los miembros del grupo levantaron la mano, más de lo que suelo ver en los talleres de híbridos. Me di cuenta de que uno de ellos era John y otro William, que había estado cortando el seto esa mañana.

—¿Podríamos trabajar con los árboles del huerto? –preguntó Sam, otro elfo del bosque.

Todo mi trabajo es participativo, así que guié a los miembros del grupo en un ejercicio para encontrar el árbol del huerto que deseaba hablar con ellos. La gente me pregunta a menudo cómo puedo hablar con seres de otras dimensiones y enseño muchas formas de hacerlo. Sin embargo, la mejor manera es, con diferencia, ayudar a los demás a confiar en su intuición de que ellos mismos pueden hablar con árboles, elementales y otros seres.

Cuando el grupo se dispersó en busca de sus árboles, me volví hacia Prajnaparamita, que estaba sentada a mi lado.

—¿No quieres encontrar al árbol que desea hablar contigo? –pregunté.

Al mirar por encima de donde estábamos sentadas, vi las ramas de un sauce mecidas por la brisa.

—Estoy sentada junto al árbol que me habla –me respondió con una cálida sonrisa.

Mirando a mi alrededor para ver qué persona había elegido qué árbol, me di cuenta de que nadie había elegido el castaño gigante de nuestra izquierda.

—Es interesante –le comenté a Prajnaparamita–, que nadie haya ido al castaño, sobre todo con la fresca sombra que da. En cambio, casi todos han elegido árboles frutales más pequeños al sol ardiente.

—No me sorprende –responde–. Comemos la fruta de esos árboles frutales y algunos de ellos han sido plantados por estas personas; por lo tanto, se sienten más vinculadas a esos árboles.

—Entiendo lo que quieres decir. Cuando plantamos algo y comemos sus frutos, hay una conexión más fuerte.

—Todos se turnan para trabajar en el huerto, cortar leña o plantar árboles, de modo que se sienten vinculados a esta tierra –explica Prajnaparamita.

—Es maravilloso lo que haces –respondí–. Es una enfermedad del mundo occidental que la gente no esté arraigada en la tierra. Van de casa en casa, de trabajo en trabajo, de lugar en lugar y, al carecer de raíces en la tierra, no les importa destruirla. Creo que esto es lo que ha causado nuestra alienación de la Madre Tierra, que ha conducido a nuestra crisis medioambiental.

Continuamos nuestro debate hasta que otros regresaron para compartir sus experiencias. Estaba claro que su conexión tanto con un árbol como con todo el huerto se había profundizado al hablar directamente con el árbol que habían elegido. Lo que dijeron me llevó a pensar que, si cada uno de nosotros dedicara un tiempo diario a hablar con los seres vegetales, arbóreos y animales, nos daríamos cuenta de que todos los seres de la Tierra son nuestros hermanos y hermanas. Y, por extensión, lo que mi hermano dragón me estaba enseñando era que los humanos estamos conectados con seres no sólo de la Tierra, sino de todo el cosmos.

La fuente de Todo

Recibí el día con gratitud. Qué afortunada era de encontrarme en un entorno tan tranquilo caminando hacia mi lugar habitual en el bosque. Al llegar, esperé tranquilamente a que Jake reconociera mi presencia. Mientras esperaba, entré en una meditación cada vez más profunda. Al dirigir mi atención hacia donde él descansaba habitualmente, me di cuenta de que su aura parecía más grande y más llena de lo que había sido anteriormente.

Me saludó mi hermano dragón.

—Te queríamos en este estado profundamente receptivo porque entonces tus ritmos y tu respiración son casi tan lentos como los nuestros. Nuestro metabolismo es lento para conservar la energía y ser receptivos a la infusión de energía de la Fuente de Todo. Ustedes llamarían a esta infusión «*prana*», pero nosotros la llamamos infusión. Nos entregamos a la infusión. Ser abrazados. Ser.

»Cuando somos jóvenes, no lo hacemos tanto –continúa Jake–. Cuanto mayores nos hacemos, más profundamente descansamos y nos entregamos a las profundidades del abrazo. Nos fusionamos. Y en este estado profundo, llegamos a conocerlo Todo. Todo.

Mientras hablaba, permanecí en el mismo estado de profunda

receptividad que él describía. No tenía ningún deseo de hablar y estaba completamente abierta a lo que él quisiera decirme. Ya no sentía la necesidad de mantener una conversación, pues nuestra relación había entrado en un cómodo estado de aceptación mutua.

»Los dragones tienen muchos linajes. Muchos rayos de colores cristalinos. Los dragones índigo son guardianes de la sabiduría. Nuestra sabiduría brota de esta fusión profunda y, cuando somos infundidos por la Fuente del Todo, cada célula cristalina de nuestro cuerpo recibe una gota de sabiduría y estamos llenos. Entonces digerimos durante largos periodos. Descansamos. Se diría que estamos en dicha; sin embargo, no tenemos una palabra para ello. Es un... Emmm... Emmm.

»Tu garganta humana no puede producirlo –dijo Jake cuando intenté reproducir el sonido–. Así como las abejas zumban con la frecuencia del alma, nosotros zumbamos con la Fuente de Todo. Nuestro zumbido resuena a través de todas las gotas cristalinas del ser, afinándonos lentamente. Y, a medida que envejecemos, cada gota cristalina se agranda llenándonos cada vez más hasta que todas estas estructuras cristalinas se fusionan. Perdemos el deseo de hacer cualquier cosa excepto permanecer, así, sin movernos. Resonando con la Fuente de Todo. Nuestros antiguos, nuestros sagrados, hacen esto.

»Los dragones más jóvenes –continuó Jake–, se sientan con los viejos para alinearse a ellos y alimentarse de su sabiduría resonante.

Mientras hablaba, su esencia de dragón se derramó sobre mí. Armonicé con lo que describía como si yo también estuviera en presencia de un viejo dragón. No tenía ganas de hablar; sin embargo, una pregunta surgió ligeramente en mis pensamientos.

»¿Preguntas –dijo, respondiendo a mi pensamiento susurrado– si los viejos dragones índigo resuenan en todos los rayos como la Fuente de Todo?

»Los dragones existimos en una corriente. La Fuente de Todo está en todas las corrientes. Podemos ser tocados por todas las corrientes. Podemos fusionarnos mucho más profundamente de lo que conocen actualmente con su conciencia humana limitada. Pero seguimos teniendo esta forma de dragón, este filtro para recibir la Fuente del Todo. De esta manera, somos uno con y alimentados por la Fuente de Todo. Un antiguo ha venido a sentarse hoy contigo para que puedas fusionarte con nosotros.

Ahh, –pensé para mis adentros–. Ha traído a uno de estos antiguos. Esa es la gran presencia que he estado sintiendo.

—Sólo eres capaz de recibir un poco de esta resonancia de nuestro sabio, pero obtienes algo –dijo Jake–. Tú, por tu propia naturaleza, eres inquieta y perturbas la armonía. Otros dragones jóvenes no querrían sentarse contigo porque se sentirían perturbados al alinearse con nuestro sabio. Fusionarse, fusionarse, fusionarse en esta red de luz.

—¿Me cuentas algo más sobre la red de luz? –Pensé en voz baja ya que no quería perturbar mi estado de calma.—Hay sabios en cada linaje de dragones y están unidos en una red para crear una joya de la memoria. No puedes ver esta forma e, incluso para nosotros, está en frecuencias más altas. Una nota de cristal existe en una frecuencia muy alta y es creada por los antiguos de nuestros linajes de dragones. Ellos alimentan este cristal, que no es el mismo tipo de cristal terrestre que conoces. Se podría decir que es el almacenamiento de nuestro poder, sabiduría y conocimiento.

Debía de tener una laguna en mi comprensión que Jake trató de despejar, porque añadió:

»Ustedes tienen libros. Nosotros tenemos esto. Es a partir de este ser de cristal que me he formado por medio de mi madre y mi padre. El conocimiento de lo que iba a ser, a lo que serviría, vino de ellos al escuchar la joya cristalina de la memoria.

Desde mi profundo estado meditativo, le hablé a mi hermano dragón:

—Creo que a través de la transmutación de las presiones traídas de nuestro entorno, y con profundo anhelo, y entregando nuestra identidad individual, podemos convertir el carbón de nuestro estado de ego limitado en un cuerpo de diamante. Este cuerpo de diamante es el estado iluminado de fusión que describes.

—Sí, eso equivale a lo que estoy describiendo –reconoció–. Este cristal, que ha sido construido por nuestros antepasados y antiguos sabios, mantiene la armonía de nuestro mundo. Está alineado con la Fuente de Todo y su energía nos irradia, manteniéndonos en armonía con la Fuente.

Pensé que Jake iba a terminar de hablar, pero respiró hondo y continuó por otros derroteros.

—Su Sol está evolucionando. Al final colapsará sobre sí mismo y se convertirá en un agujero negro. Durante ese proceso, se rinde y se envuelve. Su fuego no se apaga. En cambio, el Sol renace como un ave fénix una y otra vez. A su Sol lo alimenta la Fuente de Todo a la que llaman el Gran Sol Central, o el Centro Galáctico. Los Soles entran en una etapa de capullo, que parece un colapso para ustedes. Se trata de un proceso de transmutación para que el Sol renazca en dimensiones superiores en forma cristalina.

Me intrigaba que Jake quisiera hablar de nuestro Sol, pero no estaba segura de porqué abordaba este tema.

Susurré:

—Esto es interesante sobre nuestro Sol; sin embargo, ¿qué tiene que ver con las evoluciones de humanos y dragones?.

—Es raro que los humanos puedan ver, aunque sea vagamente, lo que estamos describiendo –respondió–. Estamos hablando de lo que ocurre en la doceava dimensión, que es una frecuencia mucho más alta de la que ustedes son capaces de mantener.

»¿Y termina ahí? –preguntó Jake retóricamente–. No lo sabemos. La pregunta «¿A dónde vamos?» surge de vez en cuando entre nosotros, los jóvenes. Los viejos sabios no se lo preguntan y no les importa porque están fusionados con la Fuente del Todo. Pero los jóvenes somos inquietos, curiosos y tenemos hambre de saber. Estamos ansiosos por dar el siguiente paso para trascender lo que actualmente es un dragón. Todos los seres buscan trascender su nivel actual de conciencia. Cada galaxia tiene un gran ser, un gran Creador y nuestra Fuente de Todo también evoluciona. Además, hay otros más allá de nuestro Creador. Eso es suficiente por ahora.

No dispuesta a detenerme, salí de mi estado meditativo.

—Te agradezco que le pidieras a un anciano que se sentara conmigo, para poder descansar en la energía.

—En realidad, te llevé conmigo para que estuvieras con el viejo en nuestro mundo de dragones –respondió Jake–. Quería que tuvieras una experiencia similar a la que nosotros tenemos con nuestros sabios.

—Fue increíble y pude sentir la gran diferencia de profundidad y energía entre tú y la antigua –reconocí–. Es increíble que pudieras llevarme a tu mundo. ¿Cómo lo haces?

—Tú y yo hemos creado un cordón armónico magnético entre nosotros que me permite llevarte al antiguo. Sin embargo, no es fácil para ti mantener este estado coherente. Para ello, debes mantenerte alerta al mismo tiempo que no te apegas ni a ser ni a hacer nada, que es el estado del ego, y este estado se siente casi como el estado previo al sueño. Esta pausa prolongada en el eterno presente es la iluminación. La iluminación, la autorrealización, no es otra cosa que lo que tú ves como una pausa prolongada.

—¿Estás seguro de que esto es la iluminación? –pregunté–. Todavía estaba consciente, pero profundamente receptiva. Supongo que podría decirse que me entregué.

—Es lo mismo. Tú sabes que estás en el lugar y el momento adecuados para hablar conmigo. No hay nada más que decir. Nada más por hoy. Sólo estate aquí entregada a la energía.

Continué sentada en silencio y, una vez más, entré en un profundo estado meditativo. No estoy segura de cuándo se retiró Jake, pues ya no estaba presente cuando salí de la meditación. Me pareció intrigante que, como holograma, pudiera estar conmigo o retirarse. Sería una buena pregunta para hacerle mañana.

Agarrotada por haber estado sentada tanto tiempo y sintiéndome más que satisfecha por nuestra conversación, me levanté lentamente de la silla y me dirigí a mi habitación. Miré con nostalgia la cama y luego el reloj. Era hora de dar clase.

Hacía calor... unos 30 grados. No soporto mucho el calor y tiendo a marchitarme. Esta tarde, iba a llevar al grupo por la propiedad para descubrir lo que la naturaleza quería decirles. Esto les ayudaría a ser mejores cuidadores de la tierra. Sin prisas y en silencio, atravesamos el huerto y, aunque íbamos al mismo sitio, me di cuenta de que algunos seguían el camino y otros optaban por caminar por la hierba junto al sendero. Yo elegí el sendero y cuando llegamos a la primera parada, el bosque de alimentos, pregunté a los demás:

—¿Por qué eligieron caminar por la hierba o por el sendero?

—Es más fácil caminar por el sendero –dijo Doris.

Esa había sido también mi razón. Siempre es más fácil seguir un camino existente que crear uno nuevo.

—¿Y tú? –le pregunté a John, que no había seguido el camino.

—Prefiero la hierba –dijo simplemente. John nunca usaba dos palabras cuando con una bastaba.

El bosque de alimentos es una zona semisalvaje en la pradera donde crecen distintas especies de plantas comestibles. Caminando en silencio, cada uno de nosotros eligió una planta, arbusto o árbol que nos llamaba. Muchos habrían preferido que les contara lo que me comunicaba cada planta, pero no es mi forma de ser. En el ashram, cada persona se turna para desherbar, plantar y regar el bosque de alimentos; por eso, pensé que era esencial que todos aprendieran a comunicarse y tuvieran fe en su comunicación con las plantas y la tierra. Al fin y al cabo, estaban comiendo los frutos de esas plantas, así que era importante cultivar esas relaciones.

Estar bajo el sol abrasador fue suficiente para acabar con un tercio del grupo, que se retiró a la comodidad de la sombra en la casa. Los envidié y me alegré de que nuestra siguiente parada fueran las colmenas en la linde sombreada del bosque. Los devotos habían construido tres colmenas esa primavera, pero todas estaban vacías. Como no llegaban abejas, Prajnaparamita había pedido que las invitáramos a venir.

Juntos nos reunimos en torno a una de las colmenas y procedí a dirigir al grupo en una meditación para llamar a las abejas a la nueva colmena. Había una colmena de abejas silvestres en un árbol cercano a donde moraba el dragón y centré mi atención en esas abejas para pedirles que enviaran una nueva reina.

—Imaginen –dije a los miembros del grupo– que ven a una abeja reina que llega a la nueva colmena. Imagínenla feliz. Imaginen a las abejas obreras yendo al bosque de alimentos para fertilizar las plantas y arbustos. El zumbido de las abejas es el sonido del alma, así que escuchen ese sonido.

Continuamos nuestra meditación durante algún tiempo y acabábamos de terminar cuando Dana llegó de la casa principal diciendo:

—Tienes que volver, inmediatamente.

—¿Por qué? –pregunté, reacia a poner fin al viaje meditativo alrededor de la propiedad.

—Han encontrado una víbora venenosa en el huerto –respondió Dana. Esto no era una gran noticia, dado que habíamos pasado por ese huerto de camino al bosque de alimentos.

Nos apresuramos a cumplir la orden y volvimos a paso ligero a la casa principal, donde nos esperaba Prajnaparamita.

—Hemos llamado a los bomberos para que retiren la serpiente –dijo.

—¿Habían tenido antes una víbora aquí? –pregunté, pensando que lo mejor sería dejar de llevar sandalias.

—No dentro del huerto cerrado ni de las casas, aunque sabemos que están en el bosque –respondió Prajnaparamita.

Su respuesta no me tranquilizó mientras imaginaba lo que podría ocurrir en mis solitarios paseos diarios junto a mi hermano dragón.

—¿A alguien le ha mordido alguna vez una víbora? –pregunté, queriendo tranquilizarme.

—No –sonrió–. No son agresivas, pero tenemos niños jugando en el huerto que queremos proteger.

—Y, si alguien fuera mordido, ¿qué tan grave sería? –pregunté, esperanzada.

—Muy grave –dijo–, pero los bomberos están entrenados en esto y estarían aquí en cuestión de minutos.

En ese momento, Dana volvió de tratar con los bomberos.

—Ya se han llevado la serpiente.

—¿Qué van a hacer con ella? –fue nuestra pregunta inmediata ya que, víbora o no, ninguna de nosotras apoyaba la idea de matar a la serpiente.

—La soltarán en un bosque alejado de la gente –respondió Dana, tranquilizándonos.

El grupo se separó y cada uno siguió su camino. Me quedé pensando si había alguna relación entre la víbora que entraba en nuestro patio cerrado y el dragón. He leído historias en las que a menudo se hace referencia a un dragón como una víbora.

Esta sería mi primera pregunta a la mañana siguiente cuando hablara con Jake.

Mientras tanto, volví a mi habitación para cambiarme las sandalias por las botas de montaña.

La serpiente y el dragón

Al día siguiente, con las botas de montaña bien atadas, salí hacia el bosque. Caminé con paso firme y con cuidado de no salirme del sendero ni de la hierba larga. Las serpientes oyen las vibraciones y yo creaba la mayor vibración posible para dar a cualquier serpiente la oportunidad de evitarme. No me sentía a gusto y, mientras ayer me había sentido segura en un entorno conocido, ahora era precavida. Al mismo tiempo, era consciente de mi reacción exagerada ante el incidente de la serpiente. El ashram llevaba funcionando 12 años y nadie había sido mordido, así que había pocas probabilidades de que esto cambiara. Aun así, no podía evitar pensar que había atraído a la víbora, no conscientemente, sino con mi energía y la del dragón.

Al llegar a la guarida de mi hermano dragón, me senté en la silla y cerré los ojos. Él estaba esperando, así que fui directo al grano.

—¿Tu presencia ha atraído a la víbora del bosque al interior del huerto amurallado?

—La serpiente es nuestro pariente, como el chimpancé es el suyo –respondió Jake.– Así como los Tuatha de Danaan son los antepasados de los elementales, nosotros los dragones somos los antepasados de las serpientes.

—Prajnaparamita preguntó por qué elegiste este lugar, ya que está preocupada por la seguridad de su pueblo. –Le dije.

—Hay varias razones. La energía del fuego del havan y la alta frecuencia de las meditaciones, las ceremonias y el trabajo en modo meditativo me atraen. Además, sabía que vendrías y me preparé para conocerte.

—¿Y cuál es la relación entre tú, yo y las serpientes? –pregunté con firmeza.

—Los dragones somos viejos sabios y las serpientes son nuestros hijos. En cuanto a ti, a mí y a las serpientes, te recuerdo que la energía fluye a través de los dos canales en forma de serpiente que conectan los chakras de tu cuerpo. Cuando la energía entre estos dos canales es igual y está desbloqueada, se fusiona y asciende por tu canal central hacia la autorrealización... la iluminación.

—Confieso –dije– que no te había relacionado a ti y a las serpientes con mi energía kundalini, aunque había considerado que la ceremonia del havan podría haberte atraído.

—Déjame continuar –dijo Jake– Tienes que recordar que las serpientes y los dragones han sido sagrados en muchas culturas anteriores al cristianismo. Los celtas creían que los dragones eran semejantes a los dioses. Los asociaban con el poder, la fertilidad y la sabiduría. Los druidas creían que eran los guardianes de otros mundos y que el mundo de los dragones existía paralelamente al mundo humano.

—¿Cómo es que conoces nuestra historia humana con tanto detalle? –pregunté,

impresionada por sus conocimientos.

—Eso es fácil –dijo sonriendo y obviamente orgulloso de su logro–. Como he dicho antes, puedo leer todos tus conocimientos y recuerdos con la misma facilidad con la que tú lees un libro. Del mismo modo, puedo leer los recuerdos colectivos de la humanidad en los éteres. Por ejemplo, sé que el Oráculo de Delfos, en la antigua Grecia, se llamaba Pitón y que los faraones de Egipto llevaban un tocado con una serpiente que salía por encima del tercer ojo para indicar la iluminación.

—Muy bien –reconocí–. Lo entiendo. Las serpientes en las culturas antiguas eran sagradas y estaban asociadas a la conciencia espiritual. Pero, ¿qué hacemos aquí con las serpientes?.

—Las serpientes, hijos nuestros, se sienten atraídas por la meditación y por el anhelo de iluminación entre ustedes y los demás aquí presentes. Los cánticos, las oraciones y la devoción instan a la energía kundalini a elevarse a través de los canales serpenteantes que hay en su interior. Del mismo modo, estas prácticas atraen serpientes físicas a los lugares donde reside esta energía. No se trata de culpar o acusar, sino de aclarar que lo que ocurre en la frecuencia espiritual también ocurre en la física.

—Sí, pero las serpientes de aquí son venenosas...

—También lo era la cobra para los faraones –interrumpió Jake.

Me encogí de hombros indicando que seguía sin convencerme su argumento, y él continuó:

»En la India, los encantadores de serpientes tocan la flauta y las cobras se levantan escuchando la música. La cobra no se siente desafiada, sino reconfortada por la hermosa música con la que está en armonía.

—Genial en teoría –concedí–; sin embargo, al no ser encantadores de serpientes profesionales, ¿qué hacemos con estas serpientes? ¿Seguimos llamando a los bomberos para que se las lleven? ¿Las capturamos nosotros mismos para llevarlas al bosque? ¿O convivimos con ellas?

—Hay una cuestión más amplia –dijo, mostrando que intentaba resolver el dilema que nos preocupaba a los humanos–. Como mi energía atrae a las serpientes, Prajnaparamita debe elegir si me quedo o me voy. Puedo irme cuando tú lo hagas, o puedo crear otro holograma de alta frecuencia para permanecer aquí. Si me quedo, deseo que me dejen en paz y que sólo me molesten una vez cada varios meses para darme las cenizas de una ceremonia havan.

»Si me voy, las serpientes no estarán tan interesadas en quedarse –continuó–. Sin embargo, Tanis, tú también eres un foco de energía de serpientes aquí. No es casualidad que las serpientes entren en el huerto cerrado más cerca de ti. Es bueno para todos que te hayas arraigado a esta tierra; sin embargo, te recomiendo que elimines tu energía etérica cuando te marches. Haciendo esto, las serpientes no se sentirán atraídas por el huerto.

—Quiero compartir lo que has dicho con Prajnaparamita y hablaré contigo mañana –le dije, poniéndome en pie para marcharme–. Mañana es Pentecostés, que es un día muy importante para mí porque han ocurrido muchas cosas increíbles en ese día. Un amigo viene a reunirse conmigo para Pentecostés y me gustaría prepararme para su llegada.

Salí del bosque y caminé rápidamente hacia mi habitación. Al doblar la esquina de un edificio situado a unos siete metros de mi puerta, me encontré con dos personas que miraban fijamente a una pared. Una de ellas era Denis, un hombre que trabaja en el ashram a tiempo completo. La otra era Marianne, que había estado podando flores cerca cuando me fui.

—¿Qué está pasando? –pregunté, intrigada– ¿Qué estás mirando?

—Encontré otra víbora, pequeña, y está enroscada alrededor de esa tubería –respondió Marianne, señalando.

Efectivamente, ahí estaba: La víbora número dos. La víbora bebé parecía inofensiva y asustada.

—¿Qué vas a hacer? –pregunté, esperando una buena solución.

—Estoy intentando capturarla –dijo Denis. Con una pala, se dedicó a quitar las piedras que rodeaban a la pequeña serpiente.

Vinieron los bomberos y, cuando llegaron, Denis les dio la pequeña víbora para que la sacaran de la vivienda. Volví a mi habitación pensando en la cría de víbora. Estaba claro que había una víbora madre grande en algún lugar cercano, y lo más probable era que también hubiera otras víboras pequeñas. El almuerzo sería pronto, pero tenía tiempo para meditar y eliminar cualquier energía mía que pudiera estar atrayendo a las serpientes.

Durante nuestra comida, Prajnaparamita, como era de esperar, preguntó:

—¿Crees que el dragón atrae a las serpientes?

—Sí –respondí–, al igual que las ceremonias de fuego y la naturaleza espiritual de la meditación y las ceremonias que estamos haciendo aquí. Las serpientes encuentran atractiva esta elevada energía espiritual. Además, el hecho de que el dragón me hable a diario atrae a las serpientes. Creo que será mejor cuando me vaya. Un holograma del dragón puede quedarse aquí o, si lo prefieres, puedes pedirle que se vaya. Es tu decisión.

Al notar el interés de Prajnaparamita por lo que estaba diciendo, le ofrecí:

—He grabado las conversaciones con el dragón y, si quieres, puedo reproducir lo que el dragón ha dicho hoy. Traduzco al español lo que le oigo decir telepáticamente.

—Sí, me gustaría –respondió ella, levantándose de la silla y preguntando al mismo tiempo–: ¿Te apetece un té?

Nos trasladamos al sofá y, mientras bebíamos el té, puse la parte que había grabado ese día en mi iPhone.

—Está sin editar –expliqué–. Recibo telepáticamente una gran cantidad de conocimientos en el cuerpo y en la memoria que no están grabados en el móvil. Por eso, nunca reproduzco audios en bruto para los demás, pero me complace hacer una excepción para que puedas oír, al menos parcialmente, lo que dijo el dragón.

Puse en marcha la grabación y Prajnaparamita se inclinó, fascinada por lo que oía. Pausamos la grabación muchas veces para hablar de varias cosas que decía el dragón. Era una experiencia nueva para mí compartir información tan pronto después de haberla recibido. En cuanto terminó la grabación, miramos el reloj y supimos que era hora de ir al huerto para mi enseñanza.

—Adelante –dijo.

Me fui y estaba esperando con el grupo cuando llegó Prajnaparamita cargada con un pequeño paquete.

—Tengo un regalo para ti –sonríe y me entrega una preciosa bolsa rosa cubierta de rosas bordadas en oro.

Sujeté la bolsa y, sin deshacer el cordel, palpé un objeto duro y ovalado en su interior.

—Tengo la sensación de saber qué es esto –le dije, complacida–. ¿Lo abro?.

—Si quieres –invitó, radiante.

Metiendo la mano en la bolsa, saqué un precioso huevo de cristal envuelto en un papel de seda pintado a mano.

—Muchas gracias. Lo pondré en mi altar cuando llegue a casa.

Ambas sabíamos que el huevo representaba mi trabajo con el dragón. Qué regalo tan maravilloso y qué bendición recibirlo de su parte.

—Pero eso no es todo –dijo Prajnaparamita, agitando la mano para incluir a los demás,   que sonreían–. Han estado practicando un *Haka Curativo de la Abuela* que aprendimos de un curandero maorí cuando visitamos Nueva Zelanda y están listos para interpretarlo para darte las gracias por venir.

—Fantástico –dije, emocionada.

Todas las mañanas había oído cánticos maoríes en el patio frente a mi ventana, pero el grupo me había pedido que no mirara y yo había obedecido, sabiendo que querían sorprenderme con algo especial... y a mí me encantan los regalos. Como a todo el mundo, ¿no?

Todos nos trasladamos a un lugar del huerto donde podían moverse libremente. Los hombres se alinearon a un lado y las mujeres al otro, de cara a los hombres. Juntos, los hombres bailaron hacia delante, hacia la mujer, cantando un *haka*. Luego retrocedieron como las olas del océano seguidas por las mujeres que bailaban al unísono con los hombres que cantaban. Fue absolutamente hermoso, edificante e inspirador. Es increíble lo que Prajnaparamita ha creado en sólo 12 años. Huertos y jardines sanos, meditaciones profundas y música. Su ashram está lleno y es rico, tanto física como espiritualmente.

Después del haka, me fui a recibir a mi amigo Christoph. Le había hablado a Prajnaparamita de su trabajo con los agricultores y las abejas y me alegré de que lo hubiera invitado a cenar.

Estábamos disfrutando de la comida cuando Prajnaparamita le preguntó:

—Cuéntame sobre tu trabajo.

Christoph responde:

—Mi formación como agricultor y mi experiencia práctica son muy diversas. En una granja trabajé con caballos, en otra podé vides y en otra cuidé árboles frutales. Tengo años de experiencia en muchos ámbitos del cultivo de plantas y la cría de animales. También llegué a comprender y dominar la tecnología agrícola moderna. Parte de mi trabajo ha consistido en sustituir a agricultores que necesitaban vacaciones y he tenido la suerte de viajar por toda la zona de la Selva Negra para trabajar en diferentes tipos de explotaciones. He tenido muchas experiencias intensas con agricultores, lo que me ha dado una comprensión diversa y positiva de esta profesión. Esto me ha ayudado en mi actividad actual de ayudar a establecer contactos y relaciones entre los pequeños agricultores y los consumidores.

Prajnaparamita escuchó atentamente. Cuando terminó de hablar, le preguntó:

—Sé que hoy has venido en coche desde Alemania, pero si no estás muy cansado, me gustaría llevarte a dar una vuelta por la propiedad. Hemos puesto tres colmenas nuevas y me gustaría oír lo que tiene que decir sobre cómo atraer a las abejas a ellas.

—Estaré encantado de ayudar –responde Christoph levantándose de la silla. Christoph siempre está dispuesto a ayudar a los demás, y cuando eso implica ayudar a otros con la agricultura, está doblemente dispuesto.

Prajnaparamita invitó a sus devotos a unirse a nosotros y juntos emprendimos la visita. Se acercaba el atardecer cuando por fin llegamos a las colmenas vacías. Christoph se acercó a inspeccionar las colmenas y, ansiosos por escuchar cualquier sabiduría que tuviera sobre apicultura, los miembros del grupo lo rodearon.

Christoph se dio cuenta de que ninguno de ellos tenía experiencia en apicultura, así que mantuvo su charla en términos generales.

—Este tipo de abeja es un animal doméstico y es importante conocerla –explica–. ¿Cuál es su ciclo vital? ¿Qué necesita para estar sana? ¿Cómo pasa el invierno?

También habló del ácaro Varroa, que está causando grandes daños a las abejas en Europa. El grupo escuchó atentamente. Aunque yo les había dado ayuda espiritual meditativa para atraer a las abejas, él les dio consejos prácticos y concretos que engulleron. Con suerte, las abejas vendrían pronto.

El sol se ponía y oscurecía cuando volvimos a casa. Había sido un día muy completo. Me retiré a mi habitación casi inmediatamente, para estar descansada para Pentecostés por la mañana, y Christoph, cansado de su largo viaje desde Alemania, hizo lo mismo.

Pentecostés, Kundalini y Babaji

Prajnaparamita, al estar más orientada a las prácticas budistas e hindúes, no observa Pentecostés como un día especial. Yo, sin embargo, siento una fuerte conexión con la tradición cristiana y Pentecostés es importante para mí. Pentecostés, si no conoces bien el término, se refiere al momento en que el fuego del Espíritu Santo descendió sobre las cabezas de los discípulos de Jesús y se iluminaron. He vivido muchos encuentros inesperados y asombrosos con el fuego en ese día y uno de los más dramáticos ocurrió en un retiro dirigido hace más de 30 años por Jean Houston, autora estadounidense y líder de pensamiento involucrada en el movimiento del potencial humano.

Era la tarde de Pentecostés y 60 participantes en el retiro caminaban en silencio en fila india por un laberinto en la oscuridad. Cada uno de nosotros sostenía una vela encendida y yo estaba rezando profundamente cuando la mujer que caminaba detrás de mí de repente empezó a golpearme en la parte superior de la cabeza gritando «¡Fuego! ¡Está ardiendo! » En cuestión de segundos, la gente vino corriendo. Me rodearon y siguieron apartándome el pelo chamuscado de la parte superior de la cabeza. La mujer, naturalmente alterada y nerviosa por lo ocurrido, contó a los curiosos «*Iba caminando detrás de ella y la llama de mi vela saltó a la parte superior de su cabeza.*»

Yo también estaba aturdida por lo ocurrido y no sabía qué pensar cuando una amable transeúnte me dio su espejo y comprobé los daños. Efectivamente, había una gran calva exactamente donde estaría la tonsura de un monje.

Ahora, tres décadas después, estoy en Francia y esperaba que mi hermano dragón pudiera arrojar luz sobre lo que significaban esta y mis otras experiencias pentecostales con el fuego. Era el último día que estaría en el ashram, así que, después de desayunar, dejé que Christoph vagara solo por la propiedad y fui sola a hablar con Jake. Jake no perdió el tiempo antes de responder a mi pregunta aún no formulada.

—La razón por la que has tenido tantas experiencias de fuego en Pentecostés es tu linaje de dragón, tanto de tu madre humana como de tu padre. Tu madre humana era del linaje de los dragones de agua y tu padre humano era un dragón de fuego. Además, tu progenitor y el mío en el mundo de los dragones es un dragón rubí.

Había llegado a pensar que Jake era un dragón índigo, así que debí parecer perpleja porque se ofreció voluntario.

»Sí, tienes razón, soy principalmente del linaje índigo, pero tengo matices rubí a través de nuestro padre. Tu padre humano también tenía linaje índigo y rubí.

Nuestro linaje índigo puede catalizar la energía que se necesita para la transformación espiritual para conectar con la Fuente de Todo y el linaje rubí añade más poder a este proceso. Sí, has recibido energía de dragón de fuego tanto de tus padres humanos como de tus padres dragones.

—¡Para! Tengo algunas preguntas –interrumpí, abrumada por lo que estaba diciendo–. Soy humana, ¿cómo puedo tener un padre dragón y cómo puede ser éste el mismo que el tuyo? Me has llamado hermana de nido y has hablado de nuestra madre de cría. Físicamente me resulta difícil aceptar lo que dices, aunque metafóricamente acepto que eres mi hermano dragón y amigo en el camino espiritual. En este sentido, considero mi relación contigo como un honor.

—Me doy cuenta de que actualmente te consideras humana y de que te cuesta aceptar plenamente tu linaje de dragón, pero llegará un momento en que lo reconocerás. Mientras tanto, aplaza el juicio y mantente abierta a la posibilidad de que seas mi hermana de nido y que tengamos la misma madre y el mismo progenitor en el mundo de los dragones.

—De acuerdo. Lo intentaré –acepté en principio que Jake y yo pudiéramos tener el mismo padre-dragón –lo que sea que eso signific-ara– , pero me estaba presionando demasiado al aceptar que mi padre humano también tenía linaje de dragón. ¿Cómo podía ser posible?

»Tengo otra pregunta. ¿Cómo es que mi padre humano es del mismo linaje de dragones índigo y rubí que el tuyo?

—Estoy hablando del alma, no de los linajes de la personalidad, y los linajes del alma son los mismos en todos los mundos. Tendrás que expandirte espiritualmente para entender lo que voy a decirte ahora: Tu padre en el mundo humano está emparentado con tu padre en el mundo dragón, así que él y yo también estamos emparentados.

—Dios mío –respondí, abrumada–. Esto es bastante exagerado. Necesito tiempo para contemplar lo que dices.

—Lo sé –respondió Jake–. No apresures nada y deja que todo venga a ti con facilidad. Mientras yo me concentraba en relajarme y dejar ir mi necesidad de saber las respuestas antes de que estuvieran listas para ser conocidas, Jake dijo:

»Me gustaría hablar de cómo los dragones encienden la energía en el cuerpo humano. Ayer hablé de las serpientes y de su relación con la energía kundalini de tu cuerpo. Esta energía en forma de serpiente o dragón serpentea por tus siete chakras para catalizar la iluminación.

—Para. ¿Qué tiene que ver esto con los dragones? Me di cuenta de que estaba sonando argumentativa, pero había demasiados saltos y giros en la información que me estaba pidiendo que consumiera y me estaba indigestando. Se dio cuenta de lo que consideraba mi problema, pero decidió seguirme la corriente dando marcha atrás y hablando con sencillez.

—Nosotros, los dragones, trabajamos con la Fuente de Todo, el Espíritu Santo dirías tú, para catalizar esta energía que se mueve a través de sus chakras. Sería útil comprender las etapas por las que ha evolucionado la humanidad, y lo que hay que hacer ahora.

—Existen puntos de desarrollo en la humanidad a lo largo del camino ascendente a través de los chakras. En primer lugar, el Espíritu debe catalizar la energía en el chakra raíz, que está conectado con el cuerpo físico y la Tierra. Una vez que has aprendido a enraizarte en tu cuerpo físico, la energía se desplaza al segundo chakra, el de las relaciones personales. Una vez que aprendes a tener relaciones personales positivas, la energía se desplaza al tercer chakra, el del plexo solar. En este chakra, te ocupas de manifestar tu identidad. ¿Cuál es tu regalo para el mundo, para los demás, para ti mismo? De ahí, la energía se desplaza al corazón. Una vez que has descubierto tu don, es hora de dárselo a los demás en forma de servicio. En el chakra del corazón, pasas del autoservicio al servicio a los demás. Aquí es donde debe centrarse actualmente la humanidad. No tiene sentido hablar de los chakras superiores porque queremos centrarnos en el fuego de tu corazón. Esto es lo que los dragones de nuestro linaje se ocupan de catalizar en ti en este momento.

—¡Espera! –interrumpí antes de que pudiera continuar. Era consciente de que estaba a la defensiva; sin embargo, me resistía a lo que decía por varias razones, una de ellas que el camino que seguía hacía hincapié en la importancia del tercer ojo, algo que Jake estaba ignorando.

—Paramahansa Yogananda y el linaje al que pertenece –dije–, que, por cierto, incluye a Mahavatar Babaji, quien me recomendó hablar con dragones, dice que el foco en la meditación debe estar en el tercer ojo, el sexto chakra, que es el camino de regreso a la Fuente de Todo. Parece haber una discrepancia entre sus instrucciones y las tuyas.

—Tú –respondió Jake, mirándome con paciencia tensa– tienes un tercer ojo bastante abierto, lo que te da fuerza en la intuición, pero tú y la humanidad necesitan desarrollar el corazón. No debe haber separación, ni fronteras en tus pensamientos y sentimientos entre tú y los demás. Este es el momento de fusionarse con los demás. Es el momento de la conciencia global. Todos los países se fundirán en uno... una humanidad. Este es nuestro mensaje de Pentecostés, no sólo para ti sino también para los demás. Nosotros los dragones encendemos el fuego del servicio en tu corazón y en tu planeta. No debe haber ningún *otro*, ningún indeseable, ningún preferido. Todos los seres son TÚ.

Tenía que admitir que su respuesta tenía sentido, pero no me convencía del todo y aún había que atar algunos cabos sueltos para que aceptara todo lo que decía.

—Nunca había pensado que los dragones trabajaran con mi energía kundalini y, a decir verdad, me cuesta creerlo –comenté–. Al fin y al cabo, ni siquiera son de nuestro mundo terrestre. ¿Y qué tienen que ver con Pentecostés, que es un día sagrado en el cristianismo?.

—Permíteme que te lo explique –dijo como si hablara a un alumno lento–. La llama del Espíritu Santo, que es la Fuente de Todo, descendió sobre las cabezas de los discípulos para catalizar su poder espiritual. ¿Y dónde se posaba ese fuego? En sus corazones. Esto les dio la fuerza para viajar a muchas tierras y para abrazar y amar a todas las personas. Esta llama de amor, sabiduría y voluntad divina se ancló en sus corazones y se fundió en uno. Permíteme repetir esto para que se entienda claramente: La llama triple en tu corazón de amor, sabiduría y voluntad divina se fusiona en una sola llama. Este es el proceso que tú y toda la humanidad deben experimentar actualmente.

—¿Por qué estás hablando de esto hoy? –le pregunté.

—La Fuente de Todo me permitió enseñarte lo que quisiera cualquier otro día. Sin embargo, como has tenido tantas experiencias con el fuego en Pentecostés, ya estabas abierta a escuchar el mensaje de hoy. La directiva era clara: hoy debía hablar sobre la fusión de la llama triple en tu corazón. Esta llama de la Fuente de Todo viene a través de nosotros los dragones para catalizar la transformación espiritual en los seres humanos. Del mismo modo, asistimos al nacimiento de la Tierra en la consciencia. Ella se está fusionando, fusionando en la consciencia con la Fuente del Todo.

Mientras mi hermano dragón hablaba, fui testigo de cómo Gaia, la Tierra, se elevaba en frecuencia y vi que el AMOR era su cualidad más fuerte. Aunque siempre la había considerado un ser vivo, era la primera vez que sentía emocionalmente que Gaia tenía una versión superior de nuestros chakras humanos.

Intelectualmente, he hablado de su aumento de frecuencia durante muchos años, pero nunca había sentido su amor acompañando este proceso de transformación. Mi hermano dragón había abierto una puerta en mi chakra del corazón hacia el corazón de Gaia en este día sagrado de Pentecostés. Estaba asombrada por la revelación física y emocional que estaba teniendo lugar en mí. Podía sentir la energía del amor moviéndose entre Gaia y mi corazón y quería entender mejor el papel del dragón en esto.

—¿Qué estás haciendo exactamente para ayudar a Gaia a elevar su conciencia? pregunté.

—La nueva frecuencia de Gaia –respondió Jake– es actualmente demasiado alta y fuerte para los seres que viven en ella. Por lo tanto, a los dragones se nos pidió, exigió, sugirió, suplicó (no hay una palabra correcta en tu vocabulario) que quemáramos la escoria de las formas mentales que los humanos, los animales y otros seres han creado en este planeta. Se nos pidió que ayudáramos a purgar todo lo que ha apartado a la humanidad del camino directo hacia la Fuente del Todo. La energía de los elementos, que son más de cuatro, se mueve a través de nosotros para apoyar esta transformación. Este cambio fusionará el *Yo* y el *Nosotros*. Las barreras que separan a cada uno de los demás se desintegrarán. Es hora de que esto ocurra.

—De acuerdo, has explicado lo que estás haciendo por la Tierra y la humanidad, pero ¿POR QUÉ, de todos los seres del universo, se ha encargado esta misión a los DRAGONES?.

—Con nuestras cualidades de magia, sabiduría y el fuego de la transmutación, los dragones somos alquimistas del más alto nivel. Tú misma tienes este talento.

—¿Cómo lo sabes? –pregunté con curiosidad.

—¿Cómo no? –respondió sonriendo– Aunque no oyera tus pensamientos tan claramente como oigo los míos, podría verlo en tu energía. Te está consumiendo el fuego de la transmutación desde dentro hacia fuera y la llama triple se está fundiendo en una sola dentro de tu corazón. Este proceso ha estado en curso durante décadas de tu tiempo y está casi completo. En fin, eso es todo lo que deseo decir.

Jake cerró los ojos y retiró su energía. Fue como si hubiera cerrado una puerta. Decidí hablar con Prajnaparamita sobre los caminos hacia la iluminación para descubrir si podía conciliar las instrucciones de Yogananda con las de mi amigo dragón.

Después de comer, surgió la oportunidad. Nos habíamos retirado a su salón a tomar té y chocolate cuando le planteé mi pregunta.

—Estoy confundida sobre algo –empecé–. Yogananda y su linaje de maestros enseñan una técnica de meditación por la que te centras en el tercer ojo y te visualizas a ti misma atravesándolo hasta la iluminación. El dragón, sin embargo, dice que la humanidad debe centrarse en el corazón.

—Ambas cosas son ciertas –respondió Prajnaparamita–. Hay tantos caminos como personas que los recorren. El mejor camino es el que mejor sirve a tu despertar. Algunas personas son naturalmente devotas, otras prosperan sirviendo, algunas tienen una gran capacidad para discriminar y otras simplemente se rinden.

—Las cualidades femeninas y masculinas despiertan en todos –continuó–. Una mente clara calienta el corazón y un corazón cálido aclara la mente. No hay *jnani* (seguidor del camino de la sabiduría) sin un *bhakta* (seguidor del camino del amor) interior, y en cada *bhakta* se despierta un *jnani*. La sabiduría y el amor son Uno. El *bhakta* llega a la claridad, el *jnani* se siente abrumado por el amor. El camino de la percepción te lleva a la entrega, el camino de la entrega te lleva a la percepción.

El despertar es total.

—Eso es útil –le dije–, siempre he sentido que mi fuerza era la sabiduría, sin embargo, desarrollar el amor es mi enfoque principal. Además, Yogananda afirma continuamente que todo lo que hacemos en el día debe ser con devoción a lo divino. Este es el camino del amor.

Prajnaparamita, de una forma tan clara y sencilla, había puesto el dedo en una llaga que me había dejado perpleja durante mucho tiempo. Sentí que la sabiduría y el amor se fundían en mi corazón y el proceso, que mi hermano dragón había iniciado antes, continuó mientras mi corazón se abría aún más con sus palabras.

Era mi último día en La Roseraie de Sacha y no tenía que dar clases, así que decidí volver con mi hermano dragón para hacerle unas cuantas preguntas más. Era media tarde y hacía un calor abrasador cuando llegué a mi lugar habitual. Buscando sombra, la encontré más cerca del dragón, que parecía estar durmiendo la siesta. Cuando moví mi silla a su sitio, sus ojos se abrieron de golpe.

—¿Sí? –preguntó Jake, mostrando sus dientes largos y puntiagudos.

Moví rápidamente mi silla dos pasos hacia atrás y me concentré en lo que quería hacer: la pregunta.

—Se me ha ocurrido que aún no me has hablado de tu relación con Mahavatar Babaji. Después de todo, él fue quien me instó a hablar con dragones.

—Muy bien –dijo–. Iba a hablar de él cuando hablara de la vida en nuestro mundo de dragones; aun así, ahora podría darte una idea. Mahavatar Babaji ha estado a menudo en nuestro mundo y es un santo para nosotros. Muchos grandes seres han venido a nuestro mundo para trabajar con nosotros de la misma manera que los dragones van a otros mundos para ayudar a otras razas. El amor y la compasión (cualidades que la humanidad valora) no son nuestros dones más fuertes, o al menos no de la forma en que tú los verías, sentirías o reconocerías.

Por eso, Mahavatar Babaji ha estado en nuestro mundo para ayudar a los dragones a conocer, más profundamente, la fuerza del amor y la compasión.

—Me parece interesante –intervine– que nos digas a mí y a otros humanos que necesitamos desarrolar el amor en nuestros corazones cuando tú necesitas hacer lo mismo. Me parece extraño que enseñes algo que es tu debilidad.

—Sólo has comprendido la mitad de lo que te he aconsejado desarrollar –respondió impaciente–. Los tres aspectos del amor, la sabiduría y la voluntad divina deben estar en equilibrio para que puedas unir la llama triple en tu corazón.

Mirándome con un brillo socarrón en los ojos, me planteó la pregunta:

—¿Qué llama crees que es la fuerza de los dragones?

—Supongo que la voluntad –respondí, mirando a sus dientes– pero antes mencionaste la sabiduría como una de tus cualidades.

—Correcto –dijo– la fuerza del dragón es su poder; lo que nos debilita, lo evitamos. Cada raza tiene un don, una fuerza y una debilidad, y Mahavatar Babaji nos ayuda de dos maneras. En primer lugar, tiene una voluntad tan fuerte que puede moderar nuestro poder para que trabajemos mejor con la humanidad. En segundo lugar, tiene un amor y una compasión tan fuertes que nos ayuda a desarrollar la compasión y el servicio hacia otras razas.

—Dices que Mahavatar Babaji va a tu mundo dragón. ¿Se manifiesta en un cuerpo humano como lo hace en la Tierra?.

—Puede elegir. Puede manifestar un cuerpo humano o de dragón, o puede enviar un holograma de cualquiera de las dos formas a nuestro mundo de la misma forma que nosotros les enviamos hologramas a ustedes. Ya ha hecho ambas cosas. La ventaja de manifestar un cuerpo es que el arraigo físico es más fuerte entre él y nosotros. Uno de sus mayores servicios es ayudar a los individuos y a las razas en evolución. Se especializa en asignar tanto a individuos como a razas lo que necesitan desarrollar como siguiente paso.

Aunque me fascinaba lo que oía, debido al calor y a que tenía el estómago lleno, empecé a cabecear.

—¡Despierta! –gritó Jake y me desperté de inmediato con el corazón latiéndome con fuerza–. Después de comer una comida copiosa, te cuesta mantener la atención y no caer inconsciente.

Decidió bajar el volumen y continuó:

»Es un desgaste para tu cuerpo físico, pero es un desgaste mayor para tu cuerpo espiritual hablar con nosotros en frecuencias tan altas. Ustedes están al máximo de lo que son capaces actualmente. Tómate tiempo para relajarte. Cuídate esta tarde. Recárgate. Dedícate a escucharnos y a escribir. Es el mejor servicio que puedes prestar. Así como se te pidió que presentaras el mundo de los elementales a la humanidad, necesitas presentar el mundo de los dragones. La gente tiene que ser consciente de que los dragones ya están aquí, pariendo la Tierra.

—Acabas de afirmar que estoy al límite de lo que soy capaz espiritualmente. ¿Y si la información que deseas relatar está más allá de mi capacidad?.

—La incompetencia o la ineptitud no existen. Tú, como yo, fuiste preparada y elegida para este propósito –dijo, exhalando profundamente con exagerada paciencia.

Me despedí de Jake, me levanté despacio y, poniéndome el sombrero y las gafas de sol, volví a mi habitación y me metí en la cama. Christoph y yo emprendíamos el viaje de ocho horas a Alemania a la mañana siguiente y yo necesitaba dormir bien. Estaba deseando pasar uno o dos días sin hablar con Jake y, al mismo tiempo, esperaba que estuviera en Alemania para continuar nuestra conversación. Hasta ahora, mi hermano dragón me había dictado los temas sobre los que quería que supiera, pero aún tenía muchas preguntas que hacerle.

Dragones y Hologramas

Voy a contarte un poco sobre Christoph. Nos conocimos hace 20 años, cuando asistió a un taller sobre el trabajo con elementales que yo impartía en el sur de Alemania. Ayudar a la Tierra fue uno de sus intereses de toda la vida, ya que se formó como agricultor orgánico biodinámico. Desde entonces, Christoph y su esposa Katharina han estudiado conmigo y nos han visitado a menudo a mi compañero Simon y a mí en Canadá, y nosotros les hemos visitado a ellos en Alemania. Por desgracia, Katharina murió hace unos años, pero Christoph sigue organizando mis talleres europeos y retiros de meditación y nos hemos hecho buenos amigos. Vive en la Selva Negra, en una gran propiedad con árboles frutales, abejas y un prado rodeado de un precioso bosque.

La mañana siguiente a nuestro largo viaje en coche de Francia a Alemania, estábamos terminando de desayunar cuando Christoph anunció:

—Tengo que ir a ver las abejas, ¿quieres venir?.

Me dio una red de apicultor para que me la pusiera en la cabeza mientras él se ponía el traje completo, y nos pusimos en camino hacia la cabaña donde estaban las colmenas. La cabaña estaba situada a la sombra en las afueras de un prado lleno de flores silvestres. El lugar era un paraíso para las abejas. Christoph, asegurándose la red sobre la cabeza, entró en la cabaña para ver qué había ocurrido durante su ausencia de tres días. Yo me quedé atrás y esperé una señal para entrar. Menos de un minuto después, me llamó:

—Tanis, ven, mira esto. Es increíble.

En mi casa de Canadá cuido abejas albañiles silvestres, pero no crío abejas melíferas, así que no estaba segura de lo que debía ver.

Christoph cogió una bandeja plana de malla cubierta de cientos de abejas y señaló los conos de miel que había en ella.

—La bandeja no estaba colocada en una colmena, pero las abejas han acudido a ella –dice radiante–. Nunca había visto nada igual. No tuve tiempo de construir la caja y apilar las bandejas en ella antes de viajar a Francia, así que dejé la bandeja vacía en la estantería junto a la otra colmena.

Nos miramos y nos echamos a reír.

—Supongo que nuestra meditación para llamar a las abejas a la colmena en Francia las llamó aquí –dije.

—Absolutamente –estuvo de acuerdo–. Mira, aquí hay una reina, así que será una colmena sana. Tengo que armar inmediatamente la otra colmena.

Muchos meses después, Christoph me dijo que la nueva colmena producía el doble de miel que todas las demás. Siempre es bueno que nos recuerden el poder de la meditación para manifestar lo que queremos.

Después de dejarle construir la nueva colmena, fui a buscar un lugar que me pareció que le gustaría a mi amigo dragón. Elegí un lugar medio soleado, medio sombreado y tranquilo junto a un pequeño río. Allí no nos molestarían y él tendría espacio en el que posarse y estar cómodo. Aun así, mientras me sentaba, no estaba segura de si Jake vendría. Escuchando el suave canto del río cercano, cerré los ojos, respiré hondo unas cuantas veces y lo busqué telepáticamente.

Apareció de inmediato en la sombra, con su cuerpo oscuro confundiéndose con el fondo.

—No temas, pienso continuar nuestra conversación –dijo, al percibir mis dudas.

—Sin embargo, debes comprender que tu tiempo humano y nuestro tiempo dragón no son iguales. Cuando para ti ha pasado un día entero, para nosotros es sólo un minuto. Tú esperaste un año para hablar conmigo, pero para mí fue más bien un día en mi mundo de dragón. No somos inmortales, pero somos extremadamente longevos. Los humanos, del mismo modo, tendrán vidas muy largas cuando habiten en la frecuencia astral superior en la que vivimos nosotros.

—¿Cuándo será eso? –pregunté, esperando que su respuesta fuera más pronto que tarde.

—No está lejos en su futuro, así que no te preocupes. Los portadores de caminos de tu mundo ya acceden a reinos astrales y causales superiores, y la humanidad, en su conjunto, se está moviendo actualmente de forma consciente a través de reinos astrales inferiores. Hay muchos niveles de frecuencia y mundos en el reino astral. A medida que los individuos se centren en emociones positivas y no negativas, su frecuencia se elevará. Algunos individuos comenzarán a oír a seres que les hablan desde estos mundos; otros verán estos mundos en sus sueños, o tendrán visiones y vislumbres intuitivos.

—Es esperanzador –dije, convencida de que la humanidad avanzaba–. Sin embargo, en estos momentos, me preocupa personalmente mi capacidad para escuchar con precisión lo que dices. Esto es esencial si tengo la responsabilidad de escribir un libro para transmitir tu información.

—Sólo podrás entender nuestro mundo si entiendes la forma en que estoy enseñando –respondió Jake–. Estamos sentando las bases de la comprensión en tus células para que lo que decimos se arraigue en ti. Escribir un libro no consiste sólo en hablar con nosotros y luego transferir la información a un libro que puedan leer los humanos. No, no, no, no. Qué tontería.

—¿Entonces qué quieres que haga? –pregunté, confundida–. Si es algo que puedo hacer, lo haré, sin embargo, tienes que tener claro lo que quieres.

—Cierto –respondió mi hermano dragón–. Queremos que construyas un puente no sólo con un delgado hilo, sino un amplio puente entre el mundo de los dragones y el de los humanos. Nos pusimos en contacto contigo porque tu trabajo ha sido crear caminos entre mundos. Lo hiciste entre los reinos humano y elemental. Ahora queremos que construyas un camino para que los humanos puedan caminar desde la frecuencia física de la Tierra hasta nuestro mundo a través de las frecuencias astrales superiores.

—¿Y crees que soy capaz de hacerlo? –pregunté, buscando seguridad–. Una cosa es trabajar con elementales que viven en una frecuencia astral relativamente baja y otra muy distinta trabajar contigo, que vives en una mucho más alta.

—Ir al mundo elemental fue fácil para ti. Ahora queremos que te expandas. Ya lo has hecho antes. Fuiste a frecuencias más altas para recibir la información para escribir *Decoding Your Destiny*[3], así que puedes hacerlo.

—Tardé 12 años en sentirme competente para enseñar lo que había aprendido cuando escribí ese libro. Y era más joven y estaba más en forma y...

Jake me interrumpió y dijo:

—Tardaste 12 años porque necesitabas anclar lo que habías aprendido en frecuencias superiores en las células de tu cuerpo físico. Lo que los humanos no entienden del todo es que deben incorporar plenamente nuevas ideas, pensamientos y creencias de frecuencias superiores. Los humanos no pueden captar lo que digo sólo a nivel mental. Tiene que vivir, vivir en carne propia, lo que significa despejarse de viejos conceptos, viejas ideas, viejos roles. Dejar ir las formas culturales y familiares de ver la realidad. Sólo entonces se abre el espacio en los mundos etérico y físico donde estas nuevas frecuencias pueden arraigarse.

—Durante décadas –respondí–, he identificado y transformado mis formas de pensamiento anticuadas y he enseñado a otros a hacer lo mismo. ¿A esto te refieres?

—Exactamente –dijo Jake–. Las viejas formas de pensamiento deben ser eliminadas y transformadas para crear un terreno fértil para ideas nuevas y más elevadas. Los dragones decimos *frecuencias* y *conocimientos*, en lugar de *ideas*. El mundo conceptual donde viven los dragones está cerca de la frecuencia donde residen los semidioses y los maestros humanos avanzados. A través del pensamiento, estos seres pueden crear formas en el mundo de los dragones, así como en los mundos físico y astral de la humanidad, y en el mundo astral un poco más elevado de los elementales.

—Es increíble que los maestros humanos puedan hacer esto. ¿Tú también puedes hacerlo? – pregunté.

—Mediante el equilibrio de los elementos de tierra, aire, fuego, agua e incluso elementos superiores, he creado una forma holográfica avanzada para llegar hasta ti. Como soy un dragón joven, se necesita energía para manifestar mi forma en tu frecuencia inferior. Nuestros dragones más viejos pueden crear el holograma de un mundo y sus seres para enseñar a los dragones más jóvenes cómo es ese mundo. Se podría decir que esta forma de aprender es como leer un libro para ustedes.

—¿Algunos de los dragones que la gente ha visto a lo largo de los siglos han sido hologramas? –pregunté, queriendo asegurarme de que entendía bien lo que decía.

—Nuestros hologramas son tan avanzados que te parecen reales –respondió Jake–. De hecho, lo que tú consideras tu cuerpo físico también es un holograma. Sólo la parte eterna de ustedes, el Yo que somos Nosotros, es real. Los dragones que vienen a tu mundo pueden ser un holograma astral, como yo, o un holograma más físico, como tú. Son observadores (excepto los rezagados de los que hablé anteriormente) y tanto los observadores como los rezagados tienen un mensaje estricto de no interferir en la evolución humana. Los dragones también pueden ir al centro de la Tierra para estar con los seres de allí, y pueden ir a otros mundos, como el de la gente del mar.

—Espera –dije, mostrando mentalmente una señal roja de stop ante sus ojos holográficos–. Cada vez que introduces un tema, como el de que tú y yo somos hologramas diferentes, quiero seguir hablando de él, pero tú te mueres de ganas de pasar a otro tema, como... como los seres del centro de la Tierra y la gente del mar. ¿No podemos detenernos y profundizar en los hologramas, antes de galopar hacia la gente del mar?

—¡Jajaja! –rió divertido–. En primer lugar, no es mi trabajo hablar de la gente del mar contigo, ya habrá otro que lo haga.

—¡Alto! ¡Alto! ¿Qué es eso de que otra persona me hablará de la gente del mar? No puedes soltar eso en nuestra conversación y luego pasar a otra cosa –dije, frustrada.

—Tienes razón. Probablemente no debería haber dicho nada sobre la gente del mar –admitió, algo avergonzado, antes de cambiar rápidamente de tema–. En cuanto a tu pregunta sobre si tú y yo somos hologramas diferentes, te lo explicaré. Los hologramas se crean con el pensamiento. Si estás en los reinos causal o astral, creas hologramas a través del pensamiento. Tú las llamas formas mentales. Entonces, al acercarte a la realidad física, estas formas de pensamiento eventualmente se convierten en formas de pensamiento físicas que crees que son sólidas. Crees que tu personalidad, tu *yo* es real. Tu creencia es incorrecta. Es una forma de pensamiento que yo llamo holograma. En pocas palabras, yo soy una forma de pensamiento u holograma de un nivel superior al tuyo. El verdadero tú, y el verdadero yo somos el alma, que está unida a la Fuente de Todo. ¿Está claro?

—Sí, y gracias por tomarse el tiempo de explicarme. Agradezco que me des la oportunidad de hacerte preguntas –le respondí, con la esperanza de animarle a hacerlo en el futuro.

—Bien. Creo que es suficiente por hoy –dijo Jake, desvaneciéndose en la sombra hasta desaparecer.

Cuando se marchó, me quedé junto al río para digerir lo que me había dicho. A menudo, tengo la costumbre de ir corriendo de una cosa a otra sin dejar tiempo suficiente para la digestión.

Sentada junto al río, medité profundamente sobre nuestra conversación. Al hacerlo, me di cuenta de que el holograma que yo consideraba *yo* no sólo existía en lo físico, sino también en los reinos astral y causal. Además, como uno puede viajar con el pensamiento por esos reinos, esas frecuencias, probablemente podría visitar muchos mundos. Por ejemplo, el mundo de los dragones. Aunque era agradable que Jake hubiera venido a mi mundo, sentía curiosidad por visitar el suyo y esperaba que me llevara a él.

En cuanto tuve este pensamiento, me di cuenta de que me estaba alejando del momento presente y corriendo hacia un futuro deseado. Para volver al presente, respiré hondo varias veces, cerré los ojos y reanudé la meditación, sabiendo que todo era perfecto tal como estaba y que ningún futuro era más deseable que otro.

Al cabo de un rato, abrí lentamente los ojos y caminé hacia el cálido sol. El prado estaba lleno de diversas flores silvestres y de las plantas sanas surgían aromas encantadores. Nada podía estar más lleno de vida que estar exactamente donde estaba en ese momento. Al abrir los oídos, oí el alegre gorgoteo del río, el ajetreado zumbido de las abejas y me acarició la suave caricia de la brisa. Mis sentidos se llenaron de belleza y me sentí inmensamente agradecida por mi vida en este maravilloso planeta. Ya no ansiaba marcharme al mundo de los dragones, sino que me conformaba con estar donde estaba.

La evolución de la humanidad y de la Tierra

Pasó un día sin señal del dragón. Tuve la corazonada de que había captado telepáticamente que necesitaba un día libre para preparar el retiro de meditación de una semana que iba a dirigir en la Selva Negra. Hacía un día precioso y Christoph y yo fuimos a pasear por el bosque, disfrutamos de una comida estupenda y lavé la ropa. Estas actividades de enraizamiento fueron un gran contrapeso a las charlas sobre dragones. Ya no me preocupaba que Jake pusiera fin a nuestras conversaciones; por lo tanto, podía apreciar plenamente el tiempo sin ellas.

Ya bien descansada física y emocionalmente, volví al día siguiente a mi asiento junto al río para saber si mi hermano dragón hablaría conmigo. No tuve que esperar mucho para que apareciera.

—Viven una vida tan insignificante –empezó diciendo–. No les gusta la palabra *insignificante*, pero eso es lo que es para nosotros. Nuestras vidas son muy, muy largas. Miles y miles de años en tu época. Ustedes piensan que la vida de un insecto o de un colibrí es corta. Los dragones los miramos igual que ustedes a esos seres que no están tan evolucionados.

—No me agrada tu comparación, sobre todo después de haber tenido ayer un día tan estupendo. Esto es un verdadero bajón.

—Digámoslo de otra manera –dijo, tratando de reformular sus palabras bajo una luz más atractiva– Me refiero a cómo, en comparación con la conciencia de los dragones, pareces tan poco desarrollada en esta etapa de tu evolución.

—¿Puedes decirlo de forma más agradable? –pregunté sarcásticamente– Después de todo, tú me elegiste a mí, el insecto. Yo no elegí hablar contigo.

Al notar el humor que denotaba mi tono, se rió y replicó:

—Ustedes admiran a un colibrí que puede volar velozmente en cuatro direcciones; del mismo modo, nosotros admiramos sus dones. Tienen animales domésticos, como pájaros, gatos y perros, de los que son responsables; del mismo modo, algunos de nuestros linajes sienten lo mismo hacia ustedes.

—Eso está mejor. Ahora, los humanos –incluida yo, por cierto– hemos pasado de ser insectos a perros. ¿Por qué te molestas con nosotros? Seguro que tienes seres más interesantes con los que relacionarte.

—Nosotros, los dragones, hemos estado con ustedes desde el principio de su viaje. Cuando la Tierra, Gaia, se estaba formando y la Fuente de Todo hizo un llamamiento para ayudar a catalizar y dar a luz a este nuevo planeta, vinimos. Estábamos emocionados y curiosos porque nuestra raza es curiosa. Y cuando digo emocionados, es una sensación de... mmm... mmm, estaremos allí desde el principio. Teníamos ganas de ver cómo se desarrollaban todas las especies, la Tierra y el Sistema Solar.

—Dices «especies». ¿A qué especie te refieres? –dije, queriendo asegurarme de no hacer suposiciones.

—La humanidad, los pájaros, los animales, los insectos y las gemas y cristales nos interesaban aunque ninguno de ustedes era físico en aquel entonces. Sólo eran semillas etéricas. También nos interesaban los elementales que iban a desarrollarse en un mundo de frecuencia astral en tu planeta. Queríamos participar en este nacimiento a lo largo del camino que la Fuente de Todo estaba indicando. Nosotros, los dragones, podíamos contribuir con nuestro don especial de equilibrar los elementos que era necesario para que evolucionaran de la forma que la Fuente de Todo consideraba adecuada.

—¿Vinieron dragones de distintas edades y linajes? –pregunté, buscando una aclaración.

A Jake no parecieron importarle mis preguntas y respondió:

—Entre nosotros había ancianos, maduros e incluso jóvenes. Los más jóvenes vinieron en calidad de estudiantes para aprender de los mayores cómo ayudar a dar a luz un planeta. Nuestro linaje índigo estaba especialmente representado –añadió con orgullo–, ya que dar a luz planetas es nuestro don. No era la primera vez en nuestra larga historia que participábamos en el nacimiento de un planeta.

—¿Otras razas de su nivel de conciencia también ayudan en el nacimiento de planetas y sistemas solares?.

—Por supuesto. Es responsabilidad de cualquier individuo o raza ayudar a los menos desarrollados. Ya lo sabes, ¿por qué preguntas?

—Pido confirmación. ¿No es una razón válida? –respondí, ansiosa por escuchar su respuesta.

—Cuando estás en frecuencias superiores, la confirmación de los demás no es importante porque estás alineado con la Fuente de Todo –respondió amablemente–. Aun así, las responsabilidades aumentan con la consciencia, y como nuestros antiguos están equilibrados en los cuatro elementos y elementos superiores, su participación era especialmente necesaria. Parte de la enseñanza de sabiduría de nuestros antiguos consiste en presenciar el nacimiento y la evolución de razas conscientes en diversos planetas. Por lo tanto, regresamos para observar y presenciar la evolución de la humanidad y de Gaia. Todo está evolucionando según el despliegue de sus dones y potencial divino. Ayudamos a plantar las semillas y a crear el entorno adecuado para que crezcan.

Estaba ocupado considerando lo que mi hermano dragón acababa de decir cuando saltó en una dirección inesperada.

—Nos interesan especialmente sus cristales y gemas. Tenemos talento para conocer el potencial de cada cristal, gema y la tierra de la que se forman estos minerales. Tenemos una relación con los minerales similar a la que ustedes tienen con las plantas y los animales. Ustedes comen plantas y animales para obtener energía y, en esta etapa de la evolución de los dragones, los minerales y las gemas son nuestra fuente de energía. Sin embargo, sabemos que tomar energía de cristales y gemas no será necesario en la siguiente etapa de nuestra evolución.

—Si los dragones tienen un don especial para ayudar a desarrollar gemas, ¿hubo otras razas que ayudaron al desarrollo de la humanidad? –pregunté, queriendo volver a lo que más me interesaba.

—Los Dragones trabajaron con los Els de Sirio en el proyecto del parto. Los Els son creadores de formas y su fuerza reside en la visualización y la manifestación. Su forma estaba más alineada con las formas humana y animal, mientras que los dragones estaban más alineados con la forma de la Tierra misma y los reinos minerales. Dicho esto, la forma humana necesita minerales para curarse y obtener energía, por lo que los elfos y los dragones compartían información. El énfasis de los dragones era reunir todos los elementos en el mundo de la forma inferior y prestar el fuego de la transmutación a este proceso. El fuego que exhalamos no es un solo elemento. Trabaja con las frecuencias de los elementos tierra, aire, fuego y agua. Nuestro fuego es catalizador, transformador y transmutativo. Los elementales, los ángeles y otras razas ayudaron a construir la forma; después, los dragones catalizaron esta forma. Somos mensajeros. Somos agentes. Somos servidores en este proceso. Aunque otros ayudaron con sus dones particulares, los elfos y los dragones fueron los más necesarios. Nuestras dos razas son sabias, más sabias de lo que ustedes entienden por sabio, así que tenemos afinidad. Otras razas tienen otros dones.

—Todos los temas de los que hablas son interesantes–reconocí– pero cada vez tengo más curiosidad por saber más sobre tu mundo dragón en lugar de centrarme siempre en el mío.

—Entiendo tu deseo de saber más sobre nuestro mundo natal y lo compartiré contigo más adelante. Sin embargo, no sólo es importante que entiendas nuestro mundo natal, también es esencial que comprendas nuestra relación con la humanidad y Gaia. Estamos construyendo un puente, una red de luz entre humanos y dragones, para crear un camino de entendimiento que otros puedan recorrer. Por eso entretejo esta historia de esta manera.

—Bien, lo entiendo y tendré paciencia –acepté–. Una de las razones por las que me siento conectada con lo que dices sobre los dragones ayudando a dar a luz a la Tierra es que tuve una poderosa visión del gran Dragón Cósmico haciendo eso. Mi visión ocurrió hace muchas décadas, pero probablemente fue más bien un año en vuestro tiempo de dragones. Yo estaba en una ceremonia de medicina y había fumado una combinación de plantas alucinógenas. Como no me sentía bien, me tumbé bajo las estrellas donde durante horas observé un gran dragón volando a través de las estrellas. Era translúcida y podía ver las estrellas a través de su cuerpo. Era consciente de que yo la miraba y también me miraba a mí. Sabía que estaba dando a luz a la Tierra, Gaia, para que se convirtiera en un planeta consciente.

—Tú la llamas el Dragón Cósmico. Lo que viste eran dragones antiguos altamente evolucionados de muchos linajes. Estos dragones son nuestro equivalente de maestros iluminados altamente evolucionados. Trabajan en colaboración en todas las frecuencias para abrazar a Gaia y catalizarla hacia su siguiente etapa evolutiva.

—Vi un dragón, no muchos, ¿por qué?

—Fusionaron sus frecuencias en una sola y tú viste el resultado del ser fusionado. Tu visión es correcta, así que no dudes de ti misma. Pero como esto ocurre a frecuencias muy altas, tu interpretación no es del todo exacta.

—Es estupendo que mi visión sea correcta; sin embargo, no lo es que mi interpretación sea inexacta –repliqué, pensando en la responsabilidad de traducir lo que decía sin errores.

—Tu visión tiene muchas décadas y ahora puedes acceder a frecuencias mucho más altas –dijo Jake, tranquilizándome–. Tú y la humanidad están en la etapa de anidamiento. Aunque todavía están en el nido, tienen grietas en el caparazón energético que rodea sus cuerpos físico, astral y causal. Tanto el caparazón de la humanidad como el de tu planeta se están resquebrajando para permitir la entrada de energías más elevadas que provienen de la Fuente del Todo y de otros mundos conscientes. Tanto los humanos como Gaia están empezando a eclosionar, a renacer a la consciencia.

—¿Cómo nos ayudas a eclosionar exactamente? –pregunté, imaginándome que me agarraba con sus garras.

—Eclosionas por dentro al mismo tiempo que nosotros, los dragones, ejercemos presión por fuera. Es el momento oportuno según la Fuente de Todo. No es que te impongamos nada. Es más bien que te incubamos. Te abrazamos. El Dragón Cósmico supervisa este proceso para Gaia. Muchos seres conscientes en muchos niveles de conocimiento, como los Els, ángeles y dragones, están involucrados en este proceso. Nosotros, los dragones, descendemos a las frecuencias más bajas donde podemos ser eficaces para ayudar a dar a luz a los humanos en frecuencias más altas.

—¿Podrías ser más específico? –pregunté.

—Desde luego –respondió Jake–. La Tierra, Gaia, desea volver a la Fuente de Todo. Se está deshaciendo de todo lo que es de baja frecuencia. Esto consiste en las viejas estructuras que los humanos han construido y sus viejas formas de pensamiento.

—Puedo entender la destrucción de viejas estructuras organizativas; sin embargo, ¿le importa a la Tierra matar humanos y animales? –pregunté, pensando en la muerte de tantos.

—Gaia nota la pérdida de cada una de sus células, que puede ser un animal, o un insecto, o una flor, o un ser humano. Todas ellas son células de su cuerpo. Ella las creó. Ella se está alineando con lo que se necesita para pasar a una frecuencia superior. Gaia está ayudando a romper su propio caparazón. Por eso están aumentando los volcanes, terremotos y huracanes. Ella está ensanchando las brechas entre las placas tectónicas en las que habitan las masas de tierra con el fin de pasar a una frecuencia más alta. Gaia se está moviendo en obediencia al plan Divino y, al hacerlo, está ayudando a los seres humanos a hacer lo mismo. Cada ser en la Tierra está siendo asistido tanto por Gaia como por el Espíritu para moverse a una frecuencia más alta aunque no lo parezca desde tu perspectiva limitada.

Debió de notar que me resistía a lo que decía, porque optó por un enfoque diferente, más sensible.

»Sientes que me distancio de ti. Sientes mis emociones neutras y las interpretas como una falta de amor. Esta es tu interpretación de la frecuencia desde la que hablo. Yo hablo desde la frecuencia del conocimiento que es más elevada que la frecuencia de la emoción. Es la frecuencia en la que el ser y el hacer están equilibrados. No hay preferencias ni deseos (en la forma en que uno concibe los deseos) cuando uno se fusiona con la Fuente del Todo. Los deseos personales se queman y todo lo que queda es lo que se llama el auténtico Ser. Este recipiente se llena a rebosar por la Fuente de Todo y uno es un co-creador voluntario y consciente con la Fuente de Todo. Esta es tu próxima etapa en la evolución.

Esto es lo que los dragones sabemos, lo que enseñamos. Mmm... Mmm...Enseñar es una palabra limitada, es más como si lo *fuéramos*. Tanto si utilizamos palabras que ustedes traducen a través de la clarividencia, la clariaudiencia y la clarisentiencia, lo que está ocurriendo no es tanto una enseñanza sino un infiltrar, impregnar, catalizar, transformar, transmutar. Estas palabras son más apropiadas para el proceso en el que tú y yo estamos comprometidos.

Estaba a punto de interrumpirle cuando me lanzó una mirada de «no... ¡espera!». Reanudé la escucha y esperé recordar lo que iba a preguntar.

»En este punto de la evolución de la humanidad, nuestro fuego es necesario para quemar sus viejas formas de pensamiento auto-limitantes. Disolvemos viejas ilusiones, creencias y hábitos en los que se basaba su evolución anterior. Gaia coopera con este proceso. Simultáneamente, tanto su Sol como la Tierra están elevando su frecuencia desde dentro. Este proceso desplaza las placas tectónicas del planeta que desencadenan volcanes y patrones climáticos, los cuales, a su vez, liberan zonas atascadas y liberan energías que le han sido impuestas por la humanidad y por la Fuente de Todo durante la etapa de evolución anterior.

Centró en mí sus penetrantes ojos dorados y esperó a que le hiciera una de las muchas preguntas que habían surgido durante su explicación.

—Me parece interesante que no sea sólo la humanidad, sino la Fuente de Todo la que ha apoyado viejas formas de pensamiento en nuestra Tierra. ¿Por qué?

—Los animales e incluso las plantas tienen formas mentales – respondió mi hermano dragón, deseoso de exhibir sus avanzados conocimientos–. Estas formas mentales son más parecidas a los viejos hábitos de sus especies.

Durante la subida de frecuencia provocada por la Fuente de Todo, el Sol y la Tierra, las viejas formas mentales de limitación para su especie se liberan para que también puedan fundirse en el conocimiento del que hablamos. Este proceso afecta a gemas, minerales, tierra, insectos, gusanos... básicamente a todo.

—Como me preocupaba más la humanidad, no he considerado seriamente que la frecuencia de todos los seres de la Tierra aumentaría.

—Esto es natural –reconoció–. Los humanos han visto todas las especies a través de su lente humana y se han concentrado en su propia evolución hasta ahora, pero esto cambiará. En frecuencias, tú y los demás ya están alineados con la Fuente de Todo. Sólo necesitas despertar para saberlo.

Me sentía llena de información y cada conversación con mi hermano dragón planteaba más preguntas que respuestas.

—Esto es suficiente por hoy –dijo, notando mi cansancio–. Durante las próximas semanas, disfruta de la gente en los talleres. La enseñanza te ayudará y no te restará la energía que necesitas para continuar nuestro trabajo juntos. Tu frecuencia aumenta cuando te dedicas a la enseñanza espiritual.

Sí, puede que estés cansada físicamente, pero estás llena de energía espiritual y tu corazón se abre más plenamente al ayudar a los demás. Disfruta de tu tiempo digiriendo lo que tú y yo hemos hablado, y pronto empezaré a hablar de nuestro mundo natal.

—¿Cuándo quieres volver a hablar conmigo? –pregunté, queriendo una aclaración antes de que se fuera a una hora no revelada.

—El momento no es tan importante como la exactitud de lo que me gustaría contarte –respondió Jake–. Hasta ahora, me he centrado en la relación entre dragones y humanos. Cuando podamos continuar sin interrupciones, me gustaría centrarme en nuestro mundo dragón. Sin embargo, aún no es el momento adecuado. Para ello, necesitarás silencio porque nuestro mundo está en una frecuencia mucho más alta que la que experimentas normalmente. Tu entendimiento y comprensión son limitados porque nuestra forma de pensar y de ser es diferente a la humana.

—Más obstáculos –dije–. ¿Estás diciendo que es más fácil para mí entender que vengas a mi mundo como un holograma que lo que será para mí ir a tu mundo?.

—Te daré un ejemplo personal –respondió–. Cuando enseñas, entras en las formas mentales y frecuencias del país de los alumnos. Hace 25 años, recuerda los dolores de cabeza que sufriste con las formas mentales cuando enseñaste por primera vez en Alemania. Tuviste que viajar varias veces a Alemania para que tu cuerpo pudiera entrar libremente en las formas mentales alemanas. Del mismo modo, será un esfuerzo físico y espiritual para ti estar en nuestro mundo de dragones y será agotador para tu cuerpo. Sin embargo, es necesario.

—¿No hay una manera más fácil? –pregunté, recordando el dolor de mis primeros años de docencia en Alemania.

—No eres un canal pasivo –replicó Jake–. Eres una cocreadora en nuestro viaje juntos y debemos encontrarnos en mi mundo, no sólo en el tuyo. No sólo es difícil para ti venir a mi mundo, también me resulta difícil venir al tuyo por la frecuencia más baja. Para mí, se siente como estar atrapado en barro espeso. No hay errores. Lo que has hecho hasta ahora es exacto y verdadero. Estamos satisfechos. Mmm... Mmm... Cuando tú y yo hayamos establecido una relación en mi mundo natal, como hemos estado haciendo en el tuyo, podrás hablar con nuestra madre de cría. Nuestra madre dragón. Y con suerte después de eso, podrás hablar con nuestro viejo padre.

—Gracias por explicarme tu situación, ya que no la entendía del todo. Como tú y los demás dragones creen que puedo viajar a su mundo, tengo fe en que podré hacerlo. Espero volver a hablar contigo cuando esté en casa, en Canadá. Hasta entonces, descansa y que estés bien.

Tras la partida de mi hermano dragón, me senté junto al río durante largo rato para empaparme de la paz que allí reinaba. Estaba asombrada por el privilegio de haber sido elegida para hablar con los dragones y mis inseguridades se evaporaban. Lentamente, sí, pero se iban. Era asombrosa la amplitud y profundidad de sus conocimientos sobre la humanidad y la evolución de Gaia, y agradecí más que nunca que hubiera sido mi joven hermano dragón, y no un dragón mayor, el elegido para hablar conmigo. No podía imaginar cómo me las habría arreglado con uno mayor, pero, como él dijo, pronto lo averiguaría.

Encuentro con el Dragón Rubí

Pasaron dos meses antes de que pudiera comunicarme con Jake. Durante ese tiempo, volví a mi casa en Canadá y transcribí lo que me había dicho por escrito. Era verano y el verano es tiempo de juego, sobre todo cuando he estado trabajando fuera. Por lo tanto, aproveché el clima cálido para nadar en el océano y dormir cada noche bajo las estrellas. Darme un capricho y romper con viejas pautas de responsabilidad y restricción del tiempo se sintió bien y muy necesario. En parte, sabía que me estaba preparando para la siguiente entrega de *El cuento del dragón,* pero no había prisa. Entonces, un día, con la llegada del otoño, oí una poderosa y antigua voz de dragón que me ordenaba: «¡Tienes que venir a Islandia ya!».

No era la primera vez que me llamaban para ir a Islandia. Lo había intentado y no lo había conseguido en dos ocasiones distintas. La última vez fue hace varios años, cuando organicé una gira por Islandia y 30 personas de todo el mundo se inscribieron para acompañarme. Desgraciadamente, la pandemia hizo estragos y el viaje se canceló. Esta vez, supe por la voz que DEBÍA ir y reservé un vuelo. Mi amigo Christoph se había inscrito en el viaje cancelado y me preguntó si podía acompañarme. Se ofreció a conducir y sentí un gran alivio para poder concentrarme en la comunicación con los dragones y, quién sabe, tal vez con algunos elementales.

Es bien sabido que la mayoría de los islandeses creen en los elementales, a los que llaman *huldufólk* o *gente oculta* –pero nunca había oído que creyeran en dragones. Entonces, ¿por qué debería ir? Esta pregunta me rondaba por la cabeza cuando aterrizó el avión y, tras consultar la guía, me dirigí a la librería más grande de Reikiavik, donde esperaba encontrar pistas sobre los lugares donde se habían visto dragones.

Acercándome a un joven que trabajaba allí, le pregunté:

— ¿Tiene algún libro sobre dragones en Islandia?

Parecía confundido, así que reformulé mi pregunta:

»¿Hay mitos sobre dragones en Islandia?

Pude ver cómo se ponía a pensar en mi petición, pero su respuesta no fue la que yo buscaba.

—La mayoría de nuestras historias tratan de *trolls*, *huldufólk* y fantasmas –me respondió, llevándome a la sección donde había libros sobre esos temas. Recorrí las estanterías sin éxito sobre el tema de los dragones y salí de la tienda decepcionada. No tenía sentido preocuparse por lo que no ocurría. Islandia es un país con unos paisajes hermosos, así que más me valía hacer de turista y disfrutar.

Al día siguiente, tras consultar nuestros mapas, Christoph y yo salimos en coche por la costa sur, donde visitamos cascadas, glaciares turquesas y vistas de lo más variadas. Me lo estaba pasando tan bien haciendo turismo que casi me decepcioné cuando tres días después, cerca de Skogar, oí a un dragón decirme telepáticamente: «*Para junto a ese glaciar de la izquierda*».

Christoph paró el coche donde indicaba el dragón y ambos salimos. El viento era brutal, huracanado y aullaba. Intenté caminar hacia el glaciar, pero literalmente no podía avanzar.

Afortunadamente, Christoph es un tipo fornido y pudo anclarme físicamente al suelo mientras yo luchaba por llegar a donde el dragón quería. Christoph me puso detrás de un pequeño peñasco que ofrecía cierta protección y se retiró para guardar mi intimidad. Agazapada detrás de la roca, con el viento ululando a mi alrededor, me agazapé para esperar. Me pareció muy poco oportuna la elección del momento para encontrarnos que hizo el dragón y ya tenía las manos congeladas cuando vi que se acercaba.

Golpeado por el viento, las escamas de su espalda se levantaron y la cresta de su cabeza se echó hacia atrás. Entrecerrando los ojos para protegerse del viento, sacudió la cabeza alegremente, demostrando que, a diferencia de mí, le encantaba el tiempo salvaje. El dragón era más pequeño y joven de lo que había previsto comparado con la fuerza del mensaje telepático que había recibido originalmente para venir a Islandia. Era de color índigo como Jake, lo que me hizo pensar que tal vez se conocían.

—No fui yo quien t...t... te llamó –dijo el joven dragón a modo de saludo–. Jaakelousekindvron –resopló...gruñó...lloriqueó– me dijo que estarías en Islandia, así que decidí conocerte. Más tarde, conocerás al viejo dragón, el sabio protector, el que te envió el mensaje.

El joven dragón macho vaciló y tartamudeó al hablar, y me di cuenta de que se sentía solo, una palabra que no habría asociado con un dragón. Intenté ocultar mi percepción de su soledad porque no quería insultarlo. Los dragones pueden ser susceptibles. Al no haber hablado antes con un humano y no captar mis pensamientos, se lanzó a explicar lo que hacía en Islandia.

—Los dragones hemos participado en la formación de Islandia –dijo, eligiendo el tema del que quería hablar.

Puede que le guste hablar con un humano, pensaba para mis adentros, así que será mejor que le acostumbre a mis preguntas desde el principio.

—¿Cómo lo hacen? –pregunté, intentando entablar una conversación con él.

—Estamos implicados en ayudar a crear volcanes p... pa... para ayudar a la Tierra, Gaia, a desahogarse.

No sabía que los dragones pudieran tartamudear y me pregunté si su tartamudez tendría algo que ver con el hecho de que un dragón relativamente joven estuviera en Islandia en lugar de en su mundo. Controlé mis pensamientos y logré mantener esta idea en privado.

»Los dragones estamos haciendo un puente e... en... entre la Tierra más nueva que quiere nacer aquí y la Tierra más vieja de otros continentes. Los arco iris que ves a diario en Islandia están haciendo un puente arco iris hacia la nueva Tierra.

—¿Cómo construyen el puente los dragones exactamente? –pregunté, queriendo que fuera más específico.

—¿No es obvio? –respondió. Mientras hablaba, arrastraba los pies de un lado a otro.

Estaba nervioso y me di cuenta de que le costaba comunicarse con un ser humano. Sólo podía suponer que no había recibido el entrenamiento de Jake que le capacitaba para hablar con humanos y me pregunté si este novato se había propuesto hablar conmigo. Bueno, los dragones son curiosos y eso podría explicarlo, pensé.

El joven dragón índigo decidió continuar:

»Los dragones pueden trabajar con todos los elementos: tierra, aire, fuego, agua. Aquí hay un viento muy fuerte que... que... que estamos experimentando ahora mismo. Así es el aire. Además, Islandia tiene mares helados cerca del Círculo Polar Ártico con espectaculares cascadas que caen de los glaciares. Eso es el agua. Al mismo tiempo, hay volcanes activos que escupen fuego que emerge de la tierra. Islandia es una tierra de extremos y la gente vive aquí con elementos extremos. Así será la nueva Tierra.

—Bien–concedí–, pero sigo sin tener claro qué tiene que ver esto contigo y quizá con otros dragones. No intentaba aumentar sus inseguridades, pero quería entender su mensaje.

—Los dragones ayudan a la Tierra, a Gaia, a renacer –respondió, un poco desconcertado por mi falta de comprensión–. Trabajamos en Islandia con los volcanes y el desplazamiento de las placas tectónicas. Para nosotros, el desplazamiento de las placas es como romper el huevo de un pollito para que pueda salir del cascarón. Ayudamos a Gaia a salir del cascarón. La placa euroasiática se encuentra con la placa norteamericana en Islandia y este lugar es una encrucijada dentro de la Tierra. Esta tierra es una tierra sagrada p...p...para los dragones. En muchos sentidos, el mundo de los dragones de frecuencias más altas es un entorno domesticado para nosotros. En Islandia, nos gusta el drama, la n...no...novedad, la espontaneidad, lo sin censura. Esto es todo lo que quería decirte.

—Gracias por tu explicación –le dije–, muchas gracias de verdad.

Intenté tranquilizarlo diciéndole que había hecho un buen trabajo, pues desde luego no quería empeorar su falta de confianza.

El joven no se marchó, sino que resopló, se aclaró la garganta y parecía inseguro sobre cómo proceder. Finalmente, dijo:

—En realidad, tengo una petición.

—Por supuesto, ¿qué necesitas?

Mi esfuerzo por tranquilizarlo pareció funcionar, ya que asintió y dijo:

— ¿P...p...podrías ponerme un apodo como a Jake?.

¿Quién iba a pensar que los apodos humanos serían populares entre los dragones? En sintonía con su vibración, escuché qué palabra encajaba con su presencia tímida y modesta.

—Harold –le dije–. Tu apodo es Harold.

—Me encanta. Harold. Se lo diré a Jake –respondió sonriendo, y desapareció–.

Me hacía ilusión haber encontrado algo que los humanos pudieran hacer para complacer a los dragones pero, hasta ahora, sólo había hablado con dragones jóvenes. No creía que al poderoso y viejo dragón que me había llamado a Islandia le hiciera gracia recibir un apodo. Unos días después lo descubrí, pero antes conocí a Sebastián.

Sebastián era un antropólogo cultural que trabajaba en un centro de visitantes cerca de donde conocí al joven dragón índigo. Cuando le pregunté si conocía alguna historia antigua de dragones en Islandia, sonrió, se metió la mano en el bolsillo y sacó una moneda islandesa para enseñármela.

—Desde los tiempos de los vikingos, Islandia ha tenido cuatro espíritus protectores. Mira aquí –dijo señalando el escudo de la moneda–. El dragón es el protector del este y está en nuestra moneda.

Cogí la moneda de su mano y la miré de cerca. Efectivamente, había un dragón en el escudo islandés. Dejamos a Sebastián, Christoph y yo continuamos nuestro viaje, y un pensamiento me asaltó...¿Sería el dragón que me había llamado el mismo dragón antiguo que aparecía en la moneda islandesa? Dos días después, en la parte oriental de Islandia, mi pregunta obtuvo respuesta.

Christoph y yo estábamos sorteando un paso de montaña por un camino de tierra cuando oí una voz atronadora. Por la fuerza del llamado, supe que no podía ser otro que un dragón muy poderoso y probablemente el que me había ordenado venir a Islandia. Christoph paró el coche y se detuvo de inmediato junto a la carretera. Agradecida de que no lloviera y de que no hubiera viento, me bajé y empecé a subir hacia el montículo de donde había surgido el llamado. Un enorme dragón rojo rubí me observaba. Sólo por su tamaño, supe que este dragón era mucho, mucho mayor que mi hermano novato. Aunque exteriormente era andrógino, sentí que su esencia era más femenina. Movía la cola de un lado a otro con impaciencia y su porte en general no me animaba a ponerme a su alcance.

Cuando me acerqué, me dijo a modo de introducción:

—¿Tienes que ser tan lenta? Tengo mucho que decir.

Su fría acogida indicaba que no estaría dispuesta a hablar conmigo durante mucho tiempo, así que fui directamente a mi pregunta más importante:

—¿Eres uno de los cuatro protectores de Islandia?

—No te corresponde a ti hacer preguntas, sino a mí explicarlo –respondió ella, golpeando el suelo con sus garras en fastidio.

»Llevo en esta isla casi mil años humanos. Antes de eso, habité en Gran Bretaña y Escandinavia porque aquí hacía mucho más frío. Prefiero habitar en espacios remotos donde no haya humanos, y cuando éstos llegaron por primera vez a este lugar, los ahuyenté.

Una de mis preguntas interiores debió haber aflorado a la superficie de mis pensamientos, porque ella se apresuró a responder.

»Sí, tuve que compartir este lugar con otros seres que ya estaban aquí. Son lo que ustedes llaman gigantes. No son del mismo linaje humano que tú. Encontré gigantes antes en las Cañadas de Antrim, en Irlanda del Norte, y en Noruega, donde, por cierto, viven otros dragones. Sí, la gente pequeña también estaba aquí, los *trolls*, e incluso otros más pequeños. La gente oculta, los gnomos que dices, son bastante amistosos con los humanos, pero no los *trolls*. Ellos y los gigantes prefieren valles más remotos en lo profundo de las montañas. Estaban aquí antes de que llegaran los humanos.

El poder que emanaba de ella era inmenso y, por su tono, percibí su aversión a los humanos. No era amistosa como Jake y su joven amigo Harold, y me sentí pequeña y temerosa en su presencia.

»Los humanos para mí son como ratas para ti –dijo, captando mis pensamientos–. Sí, por supuesto, leo tu mente. Los dragones crecen en poder a medida que envejecen y nuestro linaje rubí tiene una energía especialmente fuerte. Sé que estás escribiendo un libro con un novato índigo. Soy la primera anciana que conoces. Lo que he visto y sé es muy diferente de lo que un novato podría contarte.

Sus sencillas palabras estaban cargadas de significado. Era antigua comparada con mi hermano dragón y pensó que yo debía sentirme honrada por su disposición a hablar conmigo. Al mismo tiempo, sabía que era su deber, su responsabilidad, comunicarse con esta insignificante humana... aunque no quería que la molestaran. De ahí su impaciencia, de la que no hizo ningún esfuerzo por librarme.

»¿Por qué he venido a la Tierra, te preguntarás? Llevo aquí muchos miles de años. Vine a este mundo cuando había muchos terremotos, volcanes y cambios en la Tierra, antes de la época a la que conocen como Atlántida.

Seguía anticipándose a mis pensamientos incluso antes que yo, y era desconcertante sentirme tan expuesta en su poderosa presencia helada.

»Y sí, soy el mismo dragón que es el Dragón Rojo de Gales. Estaba en Gales antes de venir a Islandia y todo Gales era mi territorio. Incluso ahora puedo ir a las montañas de Gales si lo deseo. Me gustan las montañas, pero prefiero el calor de los volcanes de Islandia. Aquí puedo bañarme en piscinas calientes y descansar en lechos de lava donde se lanzan piedras calientes desde el interior de la tierra. Esto es muy deseable.

Mientras hablaba, reflexioné sobre lo que se sentiría tener miles de años y estar sola, y ella debió de captar mi sentimiento de simpatía.

—¿Si me siento sola? En absoluto –dijo orgullosa, corrigiendo rápidamente mi suposición humana–. No tengo ningún deseo de estar con otros de mi especie. No soy una rezagada. Soy una pionera. He elegido estar aquí. Sé que tu hermano novato no te dijo que otros dragones, aparte de los desechados y sus cuidadores, vivían en Gaia, pero así es. Toda esta zona es mi zona. No diré que la cuido. Diría más bien... Mmm... Mmm... algo así como disfrutarla, algo así como protegerla. Mmm... algo así como ayudarla a evolucionar porque me gusta ayudar a Gaia a evolucionar. Me preocupa menos ayudar a los humanos. Cuando Gaia entre en su próximo ciclo, habrá más terremotos, más volcanes, y será un buen momento para que yo esté aquí. Disfruto físicamente de Islandia, y puedo ayudar a construir un puente desde la frecuencia más baja de Gaia a la frecuencia más alta a la que pasaré.

Como el dragón rubí había vivido durante tanto tiempo en la frecuencia más baja de la Tierra, me pregunté si estaría atrapada aquí como los rezagados y la simpatía empezó a filtrarse de nuevo en mis pensamientos.

Desechó mi preocupación afirmando:

»Esforzándome mucho, podría volver al mundo de los dragones incluso ahora si quisiera, pero, como supones, no sería fácil. Como llevo tanto tiempo en las frecuencias más bajas de Gaia, mi cuerpo se ha acostumbrado a ellas.

Intuí que nuestra conversación estaba llegando a su fin, así que decidí hacer una pregunta concreta:

—¿Tienes algún mensaje para los humanos que te gustaría que incluyera en el libro?

—No tengo ningún mensaje en particular para los humanos. Puedes compartir lo que he dicho. Elegí que me vieras y otros con visión espiritual también pueden verme. Sin embargo, estoy cansada de estar cerca de la carretera con el tráfico. Ahora, voy a adentrarme más en el interior donde puedo estar sola de nuevo para absorber energía y ayudar a elevar la frecuencia de Gaia. La Tierra, Gaia, es mi tarea. No los humanos, ni los elementales, ni los gigantes. En fin, ya he dicho lo que quería decir.

El antiguo dragón rubí se elevó en el aire y se dirigió a las altas montañas del interior. Reflexioné sobre lo que me había dicho. No sabía por qué me había llamado a Islandia, ya que no le interesaban los humanos. Ahhh, por supuesto, ella deseaba que yo experimentara la energía islandesa. Era, como ella, una poderosa fuerza transformadora y, de alguna manera, comprendí que su color rojo tenía que ver con la energía bruta y que su energía era necesaria en el proceso de transformación de la Tierra. No era sólo su fuerza lo que venía con la edad, sino que su color era significativo. Más tarde, cuando visité el mundo de los dragones, supe más sobre el significado de su color rojo rubí. Sin embargo, en aquel momento comprendí que tanto ella como Islandia participaban en la catalización de mi energía para hacerme un mejor canal para escribir sobre el nacimiento de la Nueva Tierra y ESO era importante para ella. Sentía que se acercaba el momento en que podría visitar el mundo de los dragones para aprender más sobre su evolución, su entorno y sus linajes.

El mundo del dragón

Las dos líneas evolutivas de los dragones

Estoy en un sueño. Me encuentro en una gran cueva con una mujer pequeña. La sigo a medida que se adentra en secciones cada vez más estrechas de la cueva hasta que finalmente se arrastra por un túnel que le aprieta el cuerpo. Me pongo boca abajo y empiezo a arrastrarme por el túnel, pero me quedo atascada a mitad de camino. Mi amiga se ha ido. Estoy sola. Intento avanzar y no puedo. Intento retroceder y no puedo. Estoy firmemente atascada. Me asaltan pensamientos de miedo. ¿Y si las ratas bajan por el túnel y me comen la cara y el cuerpo mientras sigo viva? ¿Y si mis pulmones se colapsan y no puedo respirar? Entonces surge un pensamiento positivo. ¿Y si me relajo y me rindo? Si lo hago, intuyo que el túnel se expandirá y podré arrastrarme hasta el otro lado, el lado del que emerge la luz. Despierto sabiendo que ésta es la solución y lo que el Espíritu pide.

Tumbada en la cama, repasé el sueño. La cueva me recordaba a la cueva del dragón en la que me había encontrado hacía muchas décadas. Además, mi hermano dragón me había estado animando a aligerar mi frecuencia para poder visitar su mundo natal. Intuí que la mujer más pequeña y ligera, a la que había seguido, había seguido su recomendación y que, si me entregaba al proceso, podría ir al mundo de los dragones. Un sueño tan poderoso me indicó que había llegado el momento de volver a hablar con Jake. Habían transcurrido varios meses desde nuestra última conversación en Alemania y, ahora que estaba de vuelta en Canadá, necesitaba encontrar el lugar ideal que a él le gustaría para nuestra charla.

Después de vestirme, di una vuelta por mi propiedad para descubrir dónde estaría cómodo. Me senté en un sillón abrazado por una madreselva que caía en cascada desde la glorieta. Miré hacia el océano y estaba a punto de ponerme en contacto con Jake cuando el niño de al lado empezó a llorar... y no paró. Me levanté y caminé hasta el otro extremo de la propiedad, donde me encontré a los vecinos discutiendo sus planes para el día. Seguí caminando, busqué la sombra de mi jardín de meditación y, una vez más, me senté. «*Cierra los ojos, respira hondo y céntrate*» –oí decir a Jake dentro de mi mente.

Haciendo lo que se me había ordenado, la paz interior se convirtió en mi aliada y lo vislumbré esperando pacientemente.

Finalmente, se aclaró la garganta y dijo:

—Aunque han pasado dos meses en tu tiempo, solo han pasado unos días en el mío desde la última vez que nos vimos. No hay prisa. Todo procede según lo previsto. No es fácil que nos oigas con tu ordenador, tu vida y los viajes distrayéndote.

Hablando de viajar, conociste a mi amigo índigo en Islandia.

Abrí la boca para hablar de Harold, pero típico de Jake, y sin esperar mi respuesta, se lanzó a un tema para el que yo no estaba preparada.

»Los dragones también somos viajeros. Nos encanta viajar no solo por nuestro mundo, sino por todos los mundos. Por eso aprendimos a volar. No siempre fuimos voladores, ¿sabes?

»Oh, ya veo. No lo sabías. Mira, te lo enseñaré –me envió una imagen holográfica nítida de los dragones originales y me vi teletransportada e inmersa en aquella época.

»Sí, sí. Originalmente, éramos criaturas del mar –continuó con entusiasmo, como si el hecho de que yo me uniera a él en aquel mundo primitivo fuera lo más natural del mundo–. Como ves, utilizábamos lo que ahora son nuestras alas como una especie de aletas con las que navegar. Por eso nos sentimos tan cómodos en el agua y por eso muchos de los mitos humanos hablan de nosotros en el agua. Nuestro mundo dragontino tiene hermosos y maravillosos escenarios en el océano y exploramos sus profundidades. Incluso ahora nos encanta bañarnos en las costas y tomar el sol. Es uno de nuestros pasatiempos favoritos.

Me arrastró a la velocidad del rayo de una escena a otra mientras hablaba. Yo era sus ojos, veía lo que él veía y sabía lo que él sabía. Cuando acababa de acostumbrarme a su existencia acuática, sus siguientes palabras me empujaron hacia delante.

»Sin embargo, después de haber explorado las grandes profundidades del mar, nos aburrimos y decidimos asomar la cabeza al aire. Así aprendimos a respirar tanto en el agua como en el aire. Esta fue nuestra primera etapa en la evolución consciente para poder respirar en ambos lugares. Incluso después de que nos resultara imposible respirar en el agua, podíamos aguantar la respiración durante largos periodos entrando en un estado de semiconciencia. De este modo, podíamos viajar por las profundidades oceánicas durante horas. Hay cuevas submarinas donde podíamos descansar y la oscuridad nos resultaba muy atractiva.

Siguiendo su viaje evolutivo, experimenté la respiración tanto bajo el agua como en el aire y fui arrojada a una vida humana anterior, cuando, como sirena, podía hacer lo mismo. Jake no me dio tiempo a disfrutar de mi propia experiencia y me arrebató para continuar la lección.

»Lo que estoy compartiendo forma parte de nuestra mitología dragontina –dijo, mirándome fijamente con sus penetrantes ojos dorados–. Esta es la forma en que aprendemos y compartimos información. Es más rápido y eficaz y, en todos los sentidos, superior a los libros humanos, que contienen relatos variados de distintos autores sobre las etapas de la evolución humana. Nosotros, los dragones, sabemos inmediatamente y con exactitud cómo evolucionamos, porque, en nuestra alta frecuencia, podemos viajar hacia atrás en el espacio y en el tiempo sólo con el pensamiento.

Con esa explicación, pude estabilizarme y acomodarme a su método de enseñanza. Sabiendo que tenía intención de seguir instruyéndome así, lo frené para hacerle una pregunta.

—Me interesa saber más sobre tu primera etapa evolutiva. Por ejemplo, ¿qué comías? –le pregunté.

—En aquella época, vivíamos de las criaturas del mar, igual que ustedes viven de los animales y las plantas. Esta era nuestra etapa animal en la evolución, pero la curiosidad nos llevó a la superficie de los océanos. Vimos tierra y sentimos curiosidad por ella. Los dragones siempre hemos tenido mentes fuertes e hicimos que a nuestros cuerpos les crecieran piernas para poder caminar por tierra. Esta fue la siguiente etapa de nuestra evolución para crear patas con el pensamiento.

A través de sus palabras e imágenes, fui catapultada de nuevo en el tiempo y vi dragones que se arrastraban hasta la tierra y, segundo a segundo, fortalecían sus patas hasta que podían ponerse de pie. Me mareé al moverme a esa velocidad tan acelerada por la evolución de los dragones y, con la esperanza de ralentizar el proceso, hice una pregunta.

—Los mitos humanos afirman que los dragones asiáticos tenían dos patas delanteras y dos traseras –aventuré–, mientras que a veces los dragones de Europa occidental sólo tenían dos patas traseras. ¿Por qué?

—Esperaba hablar de esto más adelante, pero tienes la costumbre de anticiparte a mí –dijo Jake, poniéndose en pie–. Hay dos clases de dragones porque evolucionamos en distintas direcciones. Esta división es similar a cuando los delfines y ballenas decidieron abandonar la existencia terrestre para convertirse en gente del mar. Nuestras dos naciones de dragones se separaron y finalmente nos trasladamos a frecuencias diferentes. Nosotros, los dragones de cuatro patas, habitamos en una frecuencia astral más alta que los dragones con patas delanteras más pequeñas, que están en una frecuencia astral media. Nosotros, los de mayor frecuencia, afirmamos que somos los más evolucionados de los dos; aun así, los de frecuencia más baja tienen dones que nosotros hemos perdido.

Mientras hablaba, me sentí arrastrada hacia arriba y hacia abajo entre dos mundos. Cuando dijo que los dragones de cuatro patas estaban en una frecuencia superior, le vi a él y al mundo que estaba empezando a conocer. Cuando mencionó el mundo de los dragones de baja frecuencia, fue como si estuviera en una montaña rusa en la cima de una gran colina que me empujaba cuesta abajo a toda velocidad. Se me revolvió el estómago. Intentando tranquilizarme, vi un mundo que recordaba a los dinosaurios, con muchos helechos altos como árboles. Dudé si posarme en aquel nuevo y extraño entorno. Exudaba peligro.

»Ellos son físicamente más grandes y nosotros somos más frágiles –dijo mi amigo, reforzando mis preocupaciones–. A veces, no muy a menudo, viajamos a los mundos del otro y los embajadores se mueven entre estos dos mundos para averiguar la mejor manera de ayudarnos. Por ejemplo, nosotros, los dragones de frecuencia más alta, a menudo obtenemos de ellos minerales y cristales en bruto que necesitamos para renovar nuestras fuentes de energía, y ellos reciben de nosotros estos cristales cargados y energizados. Utilizan estas fuentes de energía para alimentarse y calentarse y para progresar en su camino evolutivo.

Me vinieron a la mente imágenes de dragones grandes y musculosos que desenterraban cristales y minerales con sus pequeñas patas delanteras, para ser sustituidos por dragones más pequeños, delgados y delicados como Jake. Al ver estas imágenes contrastadas, me alegré de estar tratando con la versión posterior.

—¿Los dos tipos de dragones se aparean alguna vez? –pregunté, preguntándome cómo ocurriría y ansiosa por oír hablar de los rituales de apareamiento.

—Muy, muy de vez en cuando puede haber un apareamiento entre distintas evoluciones, pero puede ser difícil ya que nos doblan en peso. Debido a la diferencia de tamaño y peso, sería más probable que un macho de nuestra frecuencia más alta fecundara a una hembra de la frecuencia más baja. Si hay afecto entre los dos dragones, pueden aparearse y crear una descendencia fértil. La cría sería un híbrido de las dos naciones y se criaría donde el padre y la madre decidieran que sería lo mejor para esa cría. El dragón híbrido tendría dones de nuestro linaje y podría enseñar y ayudar en la evolución de los de la frecuencia inferior.

Fui testigo de lo que decía a través de la imagen holográfica. El macho era sin duda el más ligero y el apareamiento se produjo porque la hembra se colocó en una posición dispuesta y receptiva con la cola en el aire. Me sorprendió que el apareamiento se produjera en tierra y no en el aire, y envié un mensaje telepático a Jake preguntándole a qué se debía.

—Debido a la diferencia de tamaño, es más fácil aparearse en tierra. En este caso, el padre actúa como donante de esperma para ayudar a la madre a producir un óvulo inteligente. No les urgen las hormonas, sino el deseo de aumentar la frecuencia de los dragones de baja frecuencia.

Anticipándose a mi siguiente pregunta, mi hermano dragón dijo:

—Un macho del mundo dragón de baja frecuencia fecunda ocasionalmente a una hembra de nuestro mundo para producir un híbrido que se cría aquí. A estos híbridos no se les trata como a los inestables o con problemas emocionales que hemos enviado a la Tierra y a otros planetas. Son criados aquí hasta el límite de sus capacidades. Luego regresan al mundo de baja frecuencia para ayudar a los dragones de allí. Ese híbrido es un tipo de bodhisattva - un ser cuyo principal propósito es ayudar a otros a elevar su conciencia.

—¿Crees que los dragones de tu mundo de frecuencia más alta se unirán alguna vez con los de frecuencia más baja? –pregunté.

—Somos sus parientes –respondió Jake–. Ambos somos dragones. Ellos son físicamente más fuertes que nosotros, y nosotros somos mentalmente superiores a ellos. Como estamos más avanzados mentalmente y valoramos esta cualidad por encima de otras, a veces podemos ser fríos. Los dragones de la frecuencia astral inferior suelen ser más compasivos que nosotros. Han trabajado más tiempo y con más diligencia para desarrollar sus emociones. Tenían que hacerlo, o podrían haber destruido su mundo y otros mundos a causa de su ferocidad. Por cierto, son rezagados del mundo de los dragones de baja frecuencia los que se asentaron en Europa occidental y se comían a los humanos y destruían ciudades.

Sus palabras me catapultaron a nuestro pasado humano, donde observé cómo una ciudad era incendiada por un dragón que volaba bajo y escupía fuego por la boca. Los salvajes ojos amarillos del dragón brillaban de odio e intentaba destruir a tantos humanos como pudiera. Los arqueros dispararon flechas que rebotaron fácilmente en sus escamas y, extendiendo sus garras, el furioso dragón agarró a un arquero y lo aplastó. Al salir de esta violenta escena, vi a Jake evaluando mi reacción.

—No olvides que este dragón es un rezagado que ha sido cazado en tu mundo –dijo, ofreciendo una opinión alternativa a mi horror y disgusto–. En su mundo de baja frecuencia, pueden ser miembros cariñosos de la familia. Nuestras madres y padres de alta frecuencia, por el contrario, no suelen sentir la responsabilidad de cuidar a sus crías una vez que

salen del cascarón. No creo que aprueben...ese comportamiento tampoco. Los dragones de la frecuencia más baja tienen más agrupaciones familiares, y las madres animan a los machos a adoptar un papel más activo y amistoso con sus crías y con todas las crías. Para ello, los sementales suelen practicar más deportes y jugar con las crías. Así que los padres, las madres y las crías no están tan solos como solemos estarlo nosotros en nuestro mundo de alta frecuencia.

—Perdona que vuelva a hacer mi pregunta, pero no la has contestado –dije–. ¿Crees que las dos naciones de dragones podrían evolucionar juntas en el futuro?

—No es imposible –respondió–. Hemos seguido cruzándonos para ambos fines durante miles y miles de años. Mmm..., así que es posible. Los dragones de ambas naciones son seres de cuatro elementos. Ambos podemos respirar fuego, volar, caminar sobre la tierra y nadar en el agua.

—¿Cuándo empezó la respiración de fuego? –interrumpí, no queriendo que se adelantara– Aún no me lo has explicado.

—A eso iba –dijo sonriendo ante mis esfuerzos por mantenerlo en el tema–. La respiración de fuego comenzó cuando nos convertimos en criaturas terrestres. No podíamos correr tan rápido sobre nuestras patas como otros seres terrestres, que llevaban ventaja al evolucionar en tierra, pero descubrimos que podíamos utilizar el fuego para atacar y matar a nuestras presas. Entonces aún éramos carnívoros.

Retrocedí en el tiempo y presencié las primeras incursiones en vuelo de los dragones. Cuando sus pequeñas alas empezaron a crecer, saltaban por el suelo escupiendo pequeñas gotas de fuego tras las presas que huían. Al no ser muy eficaces, aprendieron a medida que crecían sus alas que planear desde un acantilado para atrapar pájaros en el aire, o aterrizar sobre una presa desde arriba tenía más éxito. Con el tiempo se volvieron más ligeras y comían menos carne, ya que más peso inhibía su vuelo. Esta imagen se evaporó y me encontré de nuevo con Jake.

—¿Qué comían para obtener energía? –pregunté, preguntándome si los dragones habían pasado de ser carnívoros a vegetarianos.

—Nunca nos ha atraído el mundo de las plantas –dijo, pinchándome con buen humor–. Debería pensar que te darías cuenta de dónde obtenemos nuestra energía basándonos en todo lo que hemos discutido hasta ahora.

—Supongo que gemas y cristales, pero me gustaría saber si hubo un paso intermedio entre comer animales como alimento y absorber energía de los minerales.

—Haces bien en asegurarte de tu comprensión –respondió Jake–. Los dragones evolucionaron de ser carnívoros a absorber energía de gemas y minerales. Esto fue igual para dragones tanto de alta como de baja frecuencia. Mmm... Mmm... Pero los dragones de la frecuencia inferior consumieron animales durante más tiempo que nosotros. Esto concluye tu introducción al mundo de los dragones y nuestra evolución.

—Antes de terminar, tengo algunas preguntas más. Me pregunto si sigues evolucionando y, en caso afirmativo, de qué manera –le pregunté.

Exhaló con exagerada paciencia, indicando que creía que mi pregunta se respondía sola. Luego, comportándose como un dragón indulgente de baja frecuencia que cuida a los más jóvenes, mi hermano dragón dijo:

—Por supuesto, seguimos evolucionando. A medida que avanzamos hacia frecuencias más altas, nos volvemos menos sólidos. Nos convertimos en seres causales. Seres de pensamiento. Y tener un cuerpo físico se vuelve cada vez menos importante para nosotros. Vivimos uniéndonos a la Fuente de Todo, como he dicho, y la Fuente de Todo es nuestra fuente de energía. Los dragones de la frecuencia más baja, por otro lado, todavía están aprendiendo a utilizar los minerales como fuente de energía. De hecho, cuando estábamos decidiendo quién escribiría sobre el mundo de los dragones fue difícil determinar si era mejor pedirle a un dragón del mundo de la frecuencia más baja que hablara contigo.

—¿Por qué fue eso? –pregunté. Me decepcionó que casi me rechazaran los dragones de frecuencia más alta. Al mismo tiempo, me sentí aliviada de no haber acabado con los más grandes y feroces.

—Elegir quién debía hablar con un humano fue difícil porque les sería más fácil acceder a la frecuencia astral media en la que habitan los dragones de frecuencia inferior, ya que su mundo está más cerca del de tu Tierra que nuestro mundo astral superior.

—¿Qué te hizo decidir que un dragón de alta frecuencia hablara conmigo?

—El hecho de que te haya criado nuestra madre y que yo sea tu hermano de nido fue el punto decisivo que nos llevó a creer que podríamos traerte a nuestra frecuencia superior para enseñarte nuestro mundo dragón. Además, los dragones de frecuencia más baja tienen menos interés en hablar con los humanos que nosotros.

—¿Por qué? –pregunté.

—Tienen un pasado más difícil con los humanos desde que ustedes y ellos se cazaron mutuamente. Podrían sentirse más antagónicos hacia ti y tú hacia ellos. Por lo tanto, aunque son más emocionales que los humanos, no sería un encuentro muy beneficioso para ninguno de los dos. Es suficiente por hoy.

Cuando se marchó, me di cuenta de que tenía dos opiniones. Una parte de mí contemplaba mi buena suerte de que él y su madre me hubieran acogido en su mundo. Al mismo tiempo, empecé a preguntarme si sería beneficioso hablar con dragones que vivieran en la frecuencia astral inferior. Cuanto más consideraba esta posibilidad, más importancia cobraba esta idea en mi mente. No me dejaba ir. Después de todo, ¿no merecían esos dragones estar representados en *El cuento del dragón*? Seguía esperando que nuestra madre de cría y nuestro progenitor hablaran conmigo, pero ahora incluía a los dragones de baja frecuencia en la lista de conversaciones que quería tener.

La cueva de cristal

Al día siguiente me tomé mi tiempo para ir a mi jardín de meditación. Estaba relajada porque sentía que por fin tenía un punto de apoyo en el mundo de los dragones. Sentada en meditación, me centré y esperé a que llegara Jake. No apareció. Lo busqué con mi ojo interior y lo encontré descansando en una cueva de su mundo. Estaba claro que debía ir a verle. Centrando mi atención en él y en la cueva, aterricé en el suelo delante de él.

—Nuestro vínculo es ahora lo suficientemente fuerte como para que puedas venir a mi mundo –me dijo, dándome la bienvenida–. Es hora de que te extiendas para hacerlo, ya que te estaba dando pereza esperar a que yo viniera a ti. Además, se me estaba haciendo pesado.

—¿Qué? Creía que habías venido ayer a mi jardín –respondí, desconcertada–.

—¿Me viste allí? –preguntó levantando una ceja.

Haciendo memoria, me di cuenta de que no le había visto en un lugar concreto.

Recordaba el espacio vacío que le rodeaba y había supuesto que estaba conmigo en mi jardín. Leyendo mi mente, siguió mis pensamientos.

»En realidad, nos encontramos entre tu mundo y el mío –dijo–. Por eso sólo veías el espacio negro. Las imágenes, los hologramas, pueden existir en el espacio tan fácilmente como en tu jardín o en mi cueva. Tu frecuencia es ahora lo suficientemente alta como para que puedas venir a mi mundo en pensamiento; aun así, sabía que necesitabas un paso de transición antes de hacerlo. Por esa razón, ayer nos encontramos en el espacio profundo entre la alta frecuencia astral y la baja frecuencia causal.

Se me pasaron por la cabeza muchas preguntas relacionadas con esta sorprendente información nueva, así que elegí una importante para preguntarle.

—¿Cómo pueden las frecuencias ser altas astrales y bajas causales al mismo tiempo?

—Todas las emociones están en la frecuencia astral y cuando tus pensamientos son neutros de emoción están en el reino causal. Nuestro mundo dragón (me refiero al mundo de nuestros dragones de alta frecuencia) existe en ese rango de alta frecuencia astral y baja frecuencia causal. El mundo de los dragones de baja frecuencia se encuentra en una frecuencia media, astral.

—¿Y qué pasa con la Tierra? –pregunté, con curiosidad por la frecuencia de los humanos.

—La frecuencia de tu planeta y de los humanos no es idéntica –respondió, leyendo mi mente–. La Tierra, Gaia, ha estado en una frecuencia astral más baja, pero ahora se está moviendo a un rango más medio. Ustedes, los humanos, en cambio, existen en toda una gama de frecuencias según el día, el entorno, y los amigos y pensamientos que tengan. Es más preciso determinar su frecuencia de reposo, pero incluso así existe toda una gama de frecuencias. Un gran número de humanos existen en el reino astral más bajo, la mayoría están algo más elevados, y unos pocos están en frecuencias astrales altas donde existen emociones positivas de compasión, perdón y amor.

—¿Los dragones no varían en frecuencias? –pregunté.

—En absoluto. Sólo hay ligeras diferencias en las frecuencias de descanso entre nosotros, los dragones de frecuencias más altas, y se deben sobre todo a la edad del dragón más que a su desarrollo anímico.

—Creo que los elementales varían en frecuencias como los humanos, que es según su desarrollo espiritual –dije, pensando en todos los elementales que había conocido–. ¿Por qué es diferente en los dragones?

—Simplemente, cuanto más alta es la frecuencia, más estable es. Los dragones habitan en una frecuencia alta y los humanos no. De hecho, ustedes están en el límite de la frecuencia a la que pueden acceder consistentemente cuando vienen a mi mundo. Subrayo la palabra *consistentemente* porque a los dragones nos resulta muy difícil estar con ustedes, o con cualquier ser en realidad, cuando su frecuencia se tambalea con los altibajos emocionales.

—Ups –respondí con una sonrisa intentando mantener mi frecuencia positiva y estable.

—Jajaja. Me encanta tu humor, Tanis –rió entre dientes–. El humor no es uno de nuestros puntos fuertes y muchos jóvenes, como yo, lo aprecian. Una de las razones por las que me eligieron para hablar contigo fue porque, al ser un novato, era más flexible y capaz de mayores frecuencias emocionales, y podía sentirme más cómodo contigo. Pero un consejo. Ahora estás en mi mundo y quiero llevarte a conocerlo; por lo tanto, necesitas mantener un equilibrio tranquilo para no molestar a otros dragones.

—Súper –respondí, emocionada ante la perspectiva de ver el mundo de los dragones por mí misma.

Jake volvió a evaluarme.

—Hagamos una pausa. Quiero prepararte para una excursión a nuestro mundo.

—Cualquier cosa que me recomiendes para hacerlo más fácil me parece bien –respondí, bastante dispuesta a dejarme llevar.

—En ese caso, ponte cómoda –me dijo, visualizando una silla para que me sentara–. Siéntate en la silla, respira hondo, relájate y ponte profundamente receptiva.

Siguiendo sus instrucciones, me tomé mi tiempo para examinar la cueva y la reconocí como la misma en la que él y yo habíamos sido amamantados por nuestra madre dragón.

Al oír mis pensamientos, me explicó:

»Es la misma cueva. Nuestra madre sabía que te sería más fácil hablar conmigo en este entorno familiar porque tus recuerdos están incrustados en las células de las paredes.

—Cada vez que introduces un tema, me resulta difícil no seguir esa línea de pensamiento. Por ejemplo, cuando mencionas que las células de la cueva recogen mis recuerdos, quiero profundizar en eso... a pesar de estar ansiosa por ver tu mundo de primera mano.

—Esto ocurre por varias razones –explicó Jake–. Los dragones reciben información no sólo de sus madres y antepasados, sino también de los recuerdos de los minerales de sus cuevas de incubación. Por lo tanto, los dragones saben intuitivamente gran parte de lo que te digo. Se infunde en nuestros cuerpos como algo conocido. Estos recuerdos son el alimento que absorbemos desde que somos huevos hasta que salimos del cascarón. La vitalidad de las piedras que forman esta cueva guardan recuerdos míos, de mis antepasados y de que tú estás aquí.

—Ya que estás hablando de *nuestra* cueva, ¿podrías decirme algo más sobre cómo las moradas de los dragones guardan recuerdos de sus habitantes? –pregunté, queriendo comprender el proceso que utilizaban los dragones para infundir recuerdos en los huevos y las crías.

—Cada linaje utiliza cuevas específicas durante generaciones, por lo que los minerales de las paredes y el suelo están impregnados de los recuerdos de quienes han vivido en ellas. Un linaje de dragones diferente nunca se plantearía vivir en una cueva de otro linaje. Somos seres territoriales y solitarios. En tu mundo hay gatos que son mayoritariamente solitarios, y nosotros somos como ellos. Nunca nos plantearíamos visitar una cueva de otro linaje, ni siquiera la cueva de uno de los nuestros, sin antes enviar una petición telepática para ver si es aceptable. Por eso cada una de nuestras moradas guarda recuerdos específicos de cada dragón.

Mientras hablaba, examiné la cueva que había visto en mi visión para descubrir si podía recoger recuerdos de los antepasados que vivieron aquí. Los recuerdos se agitaron en mi interior, pero volaron más rápido de lo que podía recordarlos. Cerré los ojos y profundicé. Al instante, volví a mi primera visión de hace mucho tiempo, cuando vi patas de dragón y, a mi izquierda, el huevo de un dragón. En lugar de huir de esta experiencia, como había hecho antes, me quedé allí y vi cómo la cáscara del huevo empezaba a resquebrajarse.

Me volví hacia la madre dragón y la examiné por primera vez. Era más grande que Jake y de un color más oscuro... añil casi negro. Con ojos sabios, observó cómo se rompía el huevo, pero no avanzó para ayudar. Comprendí que la cría tenía que ser lo bastante fuerte para sobrevivir por sí sola.

Surgió un dragón mojado y desgreñado. Sonriendo, reconocí a Jake... no es que tuviera el mismo aspecto... pero se sentía igual. Levantó su escuálido cuello y miró fijamente los ojos ámbar oscuro de su madre, y sentí y vi que ella le transmitía sus recuerdos en forma de imágenes. Ninguno de los dos se movió mientras esto ocurría. Finalmente, agotado, cerró los ojos. Fue entonces cuando ella se acercó y, abriendo sus alas de un azul más claro, las colocó sobre él, dándole calor, igual que a un polluelo recién nacido le da calor la gallina madre.

Sabiéndose observada, se volvió hacia mí y reconoció mi presencia. No sentí ninguna animosidad y supe que aprobaba que presenciara el proceso de eclosión.

—¿Quieres que comparta mis recuerdos contigo, polluelo? –me preguntó telepáticamente.

Su voz era más potente y compasiva que la de mi hermano.

—Me gustaría, si mi cerebro está configurado de forma que puedas hacerlo... –respondí, sabiendo que mi cuerpo humano no podía ser más diferente del suyo de dragón.

—Esto no tiene nada que ver con tu cerebro físico –sonrió, divertida–. La mente existe fuera del espacio y del tiempo y nuestras mentes hablan juntas.

Tranquila, me concentré en sus ojos como había visto hacer a Jake. Sus intensos ojos ámbar me atrajeron magnéticamente. Era tan poderosa que habría sido imposible romper el vínculo. Por una fracción de segundo, totalmente fuera de control, entré en pánico. Me inundaron sentimientos cálidos de amor y compasión y comprendí su aceptación de mí, un humano, su voluntad de criarme y, más que eso, su deseo de compartir su linaje ancestral.

Al abrirme para recibir sus recuerdos ancestrales, me sentí como si estuviera conectada a un ordenador vivo, que se descargaba en mi conciencia. Desde sus primeros tiempos, vi a los dragones índigo desarrollar los dones de la magia, la intuición y la transmutación en su mundo y luego durante su viaje a través de las estrellas, donde ayudaron a otras razas a desarrollar la conciencia. Al recibir esta infusión de memoria viva, no sentí miedo, sólo gratitud. Sabía que ella y sus antepasados habían planeado conscientemente crear a mi hermano de nido para ayudar a nuestra raza humana y que, sobre todo, ella había elegido criarme en el mundo de los dragones. Aún no sabía exactamente cómo lo había hecho, pero, como Jake me había pedido, dejé esa pregunta en suspenso hasta que el conocimiento despertara fácilmente en mi conciencia.

Al completar la descarga, mi madre de cría soltó el vínculo magnético y, lanzándome una última mirada de aprobación, desapareció. Sin palabras, me encontré de nuevo en el momento presente con Jake, que, una vez más, tenía el tamaño y la edad que yo conocía.

Esperó a que me recuperara de la intensidad de la experiencia antes de hablar:

—Espero que aprecies el honor que nuestra madre te ha concedido al entregarte nuestros recuerdos ancestrales. Nunca compartimos nuestros recuerdos fuera de nuestro linaje. Ella lo ha hecho porque, para los dragones, es la forma más directa de compartir información precisa.

Cuando encontré mi voz, respondí:

—Estoy aturdida porque no recordaba esta experiencia. Nunca vi nada más que sus piernas en mi antiguo sueño despierto. ¿Por qué?

—En aquel momento no estabas preparada para recordar. Sin embargo, este recuerdo se depositó en ti para que lo gestaras y te prepararas para volver ahora a nuestro mundo de dragones. Cada vez más, estás despertando a tu verdadero derecho de nacimiento y todo se sabrá con el tiempo.

—¿Los recuerdos ancestrales que se descargan en ti al nacer se activan a medida que creces? –pregunté, siguiendo mi corazonada intuitiva.

—Por supuesto –respondió mi hermano dragón, antes de añadir:– Y en ti también.

Se me encendió la lamparita.

—Siempre he sabido que cada uno de nosotros tiene una célula, algo a lo que llamo la *unicélula*, que almacena la información del alma. Esta información se desbloquea y queda disponible para su uso a medida que tu frecuencia aumenta a lo largo de la vida. Siempre he asumido que el alma descargaría sólo lo que fuera necesario para el propósito específico de cada encarnación. Nunca me he visto viviendo en el mundo de los dragones, lo cual, admitámoslo, sería imposible como humana.

—Tu problema es que has hecho una suposición incorrecta. Estás tan apegada a tu forma humana física actual que no puedes imaginar nada diferente.

—Cierto; sin embargo, dicho esto, el problema persiste. Yo soy humana y tú eres un dragón y tu mundo está hecho para dragones. ¿Cómo podré explorarlo?

Me levanté de la silla y caminé hacia la entrada de la cueva. Al mirar hacia abajo, vi que estábamos a cientos de metros de altura. Jake se acercó y se puso a mi lado. No estaba segura de si esto me tranquilizaba o me hacía sentir más precaria. Nunca me han gustado las alturas y había muchos otros lugares en los que preferiría estar. Además, no tenía ni idea de cómo me iba a llevar por su mundo. Evidentemente, caminar no era una opción y no vi ningún helicóptero emergiendo a mi conveniencia.

Después de dejarme cavilar ansiosamente durante un minuto, finalmente dijo: —Tienes dos opciones. O te llevo a mi espalda, o te visualizas con cuerpo de dragón y vuelas conmigo.

—¿Tienes aquí sillas de montar y riendas? –pregunté, recordando que los jinetes de dragón de los libros de fantasía cabalgaban así... con seguridad.

—Claro que no –respondió, entornando los ojos en señal de desaprobación ante mi sugerencia.

—Descartamos la opción uno. ¿Cuál es la opción tres? –pregunté, ya que no tenía ni idea de cómo convertirme en dragón.

—No hay opción tres.

De vuelta a la única opción que me quedaba, pregunté:

—Vale, ¿cómo me convierto en un dragón volador? ¿Qué herramientas...?

—Sin herramientas. Sólo hazlo –dijo, cortando mi pregunta–. Concéntrate en el aspecto que tenemos nuestra madre de cría y yo e imagínate en el cuerpo de un dragón. Así es como lo hacen los que visitan nuestro mundo. Y... un consejo. Asegúrate de imaginarte de nuestro tamaño. Nos encontraremos con otros dragones y no queremos llamar la atención. Te recomiendo que practiques hoy y estés preparada para viajar cuando vuelvas mañana.

Jake y la cueva desaparecieron, y me encontré de nuevo en mi jardín de meditación. La tarea no era deseable, pero me había dejado claro que más me valía hacerla, y hacerla bien, o no habría excursiones por el mundo de los dragones. Este ultimátum fue una gran motivación para empezar a practicar inmediatamente.

Empecé visualizando a nuestra madre dragón porque tanto ella como yo éramos hembras. Como era mayor, era más grande que mi joven hermano, que había crecido parcialmente. Además, sabía que las hembras de dragón eran más grandes que los machos. Visualizar el cuerpo de un dragón fue sorprendentemente fácil, pero me quedé perpleja con mi color. Para ver mi color, tendría que mirarme desde fuera; sin embargo, me resistía a dejar de estar en mi cuerpo de dragón. Como dragona, me sentía grande, poderosa, segura de mí misma, y quería explorarlo a fondo. Por desgracia, como dudaba de mi capacidad para mantener un cuerpo de dragón, perdí la concentración y me encontré de nuevo en mi cuerpo humano. Decepcionada, volví a intentar imaginarme como un dragón y funcionó. Dejando a un lado el deseo de ver mi color, me felicité por mi éxito y decidí que había conseguido lo suficiente para satisfacer a Jake.

Linajes dragontinos

Al día siguiente, cuando me dirigía al banco del jardín, la presión era máxima. ¿Sería capaz de crear un cuerpo de dragón para ir al mundo de los dragones? Repetí lo que había hecho la noche anterior, visualizándome como un gran dragón negro índigo hembra. En otras palabras, copié el aspecto de mi madre de cría.

Empecé por las garras, las imaginé musculosas con grandes uñas afiladas y, subiendo por las piernas escamadas, las hice idénticas a los pilares que había visto por primera vez hacía muchos años en la cueva. Examiné mi vientre y vi que era regordete y redondeado, mucho más gordo que el esbelto torso que tenía como humano. Al fin y al cabo, si iba a ser un dragón, bien podía darme el cuerpo que deseaba. Ahora, el resto de mi cuerpo. El añil oscuro, casi negro, parecía lo correcto. Uy... el verde y el rosa se infiltraron en mi imagen añil y se asentaron sobre todo bajo mis alas, que eran hermosas y delicadas, pero lo bastante fuertes como para sostener mi cuerpo deliciosamente regordete. Finalmente, miré mis ojos. Eran dorados con el iris negro y, algo decepcionada, vi mi imagen humana reflejada en ellos. Maldición, ¿había hecho algo mal?

Al repasar mi aspecto, me sentí gratamente aliviada de que mi imagen de dragón se mantuviera. Me felicité y decidí que era lo bastante buena para presentársela a Jake. Y llámenme mocosa, pero me alegraba de que fuera más grande que él. Concentrándome intensamente en mantener mi forma de dragón, me proyecté mentalmente en la cueva y aterricé junto a Jake.

Se levantó y caminó a mi alrededor para asegurarse de que había sustituido todas mis partes humanas por las de un dragón. Volvió a mirarme, me miró a los ojos y sonrió:

—Bien hecho. Impresionante.

—Gracias –dije–. Sin embargo, he descubierto que mi cuerpo humano se refleja en mis ojos, mientras que tus ojos reflejan un cuerpo de dragón.

—Eso es normal. No te preocupes. Los dragones siempre sabrán que eres humana si te miran a los ojos. No se puede evitar y a la mayoría de los dragones no les importará que seas un humano tomando cuerpo de dragón. De hecho, mis compañeros novatos se divertirán y sentirán curiosidad por ti.

—¿Vamos a encontrarnos con ellos? –pregunté con ansiedad. Un dragón me parecía suficiente–. Sí lo haremos, pero antes de salir de la cueva necesitas entender sobre nuestros diversos linajes de dragones. Esto te ayudará a reconocer a otros dragones y a identificar sus dones en caso de que, la Fuente esté con nosotros, un anciano decida hablarte.

—Es una forma perfecta de empezar –reconocí, agachándome a su lado.

—Cada linaje de dragones es dominante en uno de los rayos de energía y su color indica su principal don, poder y frecuencia del alma. Todos los seres, incluso los humanos, tienen una energía del alma dominante indicada por un rayo particular. Cuando conozcas a cualquier dragón, notarás que él, o ella, tiene un color dominante y otros colores menores.

—Sí, veo que tienes varios colores. ¿Puedes explicarme qué significan?

—Mírame –dijo poniéndose de pie y extendiendo las alas–. Mi color dominante es el añil, pero mi pecho y mi vientre contienen muchas tonalidades azules e incluso toques de verde. Y mis alas, si te fijas bien, tienen motas de rojo.

Mientras Jake hablaba, flexionaba las alas para que yo pudiera ver destellos de rojo y, al balancearse de una pata a otra, noté varios tonos azules y verdes.

—Ahora examinemos tus colores, Tanis –dijo, estudiándome–. Eres mayormente índigo como yo, pero más oscuro porque eres mayor en años humanos y yo soy más joven en edad de dragón.

—Levanta las alas –me dijo, e hice lo que me indicaba–. Como pensaba, tienes mucho verde y rosa escondido bajo tus alas.

—Yo no diría *escondido* –interrumpí, ofendiéndome–. De todos modos, ¿qué significan estos colores?

—Empecemos por el índigo, ya que es el color dominante y el linaje tanto tuyo como mío. Recibimos este linaje de nuestra madre. El índigo, como hemos dicho, es el color de la magia y la transmutación y estos son nuestros dones. Los miembros de mi linaje se aseguran de que haya muchos cristales incrustados en las estructuras de nuestras cuevas que ayudan a catalizar la transmutación. Nosotros elegimos cuevas que reflejen y potencien nuestros dones específicos.

—¿Y qué pasa con el verde y el rosa? –pregunté.

Guardó silencio y me examinó con ojos penetrantes. Me sentí profundamente evaluada y supe que esperaba a que estuviera en la mejor frecuencia posible antes de continuar.

—Tengo una idea. Creo que sería mejor para ti conocer dragones con diferentes dones para aprender de ellos lo que significan sus colores.

—Me gustaría conocer a tus amigos novatos, pero por favor, no a los dragones viejos. ¿Estoy preparada?

Tenía ganas de ver el mundo de los dragones por mí misma, pero aún así, confieso, estaba nerviosa por conocer a más dragones.

Cerró los ojos y se encerró en sí mismo, y sentí que enviaba un mensaje telepático. Un momento después, abriendo los ojos, dijo:

—He pedido a mis amigos que se reúnan con nosotros en nuestro lugar de encuentro. Podría teletransportarte, pero eso requiere mucha energía. ¿Eres capaz de volar conmigo?

Mientras hablaba, se dirigió hacia la entrada de la cueva y esperó que le siguiera, cosa que hice. Al asomarme a la entrada, vi que estábamos a varios cientos de metros de altura y que caíamos en picado.

—¿Qué tal un vuelo de prueba dentro de la cueva? –sugerí, insegura de mi capacidad.

—Sígueme la corriente e iremos despacio –dijo, saltando en el aire.

Abanicando mis alas varias veces para armarme de valor, me elevé del acantilado. No mires hacia abajo. No mires hacia abajo –me repetía a mí misma mientras hinchaba las alas. Para mi alivio, descubrí que no perdía altura y volaba más o menos nivelado. El secreto parecía ser dejar que mi cuerpo de dragón hiciera aquello para lo que había sido construido y no pensar en ello. En ese momento, Jake se detuvo a mi lado y, dándome ánimos con la cabeza, dirigió mi atención hacia las colinas lejanas.

—Ahí es donde nos encontraremos con los demás –envió el pensamiento a mi mente–. Se dan cuenta de que eres humana y serán tolerantes con tu idiosincrasia.

—¿Qué idiosincrasia? –pregunté. No tenía ni idea de a qué se refería y quería causar una buena impresión eliminando impedimentos.

—Este deseo de agradar es una de las idiosincrasias. A los dragones esto no les importa. Es un rasgo humano, yo diría que debilidad, porque gasta energía que sería mejor emplear haciendo exactamente lo que uno se siente llamado a hacer. De todos modos, ya casi estamos. Te sugiero que no digas nada y me dejes hacer las presentaciones.

Jake se puso manos a la obra y caí en la cuenta de que sus compañeros juzgarían su

proyecto de enseñar a los humanos en función de mi actuación. Estaba tan orgullosa de mi habilidad natural para volar como dragón que me convencí de que conocer a sus amigos no podía ser tan malo. Decidí comportarme lo mejor posible y me quedé mirando al frente mientras nos acercábamos a las colinas.

Redujo la velocidad y planeó sobre una meseta situada en un cuenco circular rodeado de montañas. Mirando hacia abajo, vi dragones de muchos colores diferentes que levantaban la cabeza para vernos. Jake aterrizó un poco lejos del grupo de dragones y le agradecí que quisiera dejarme espacio para mi primer aterrizaje. Pensando en cómo los aviones levantan los alerones al aterrizar, hice un bonito aterrizaje y, una vez más, me di un *choca esos cinco* mental. Sin embargo, a diferencia de los jovenzuelos, aún no me sentía segura de mi condición de dragón.

—Hola, hola –dijo un atractivo dragón verde contoneándose hacia nosotros–. Este es un día especial en el que un humano viene a conocernos –dijo, moviendo la cabeza y sonriendo como sólo los dragones pueden sonreír mostrando sus dientes de un pie de largo.

Sin saber cuál era el protocolo correcto, le devolví el saludo con la cabeza.

—Tanis –dijo mi hermano dragón–, te presento a Hisssflllummm.

Estaba claro que los nombres de dragón no estaban hechos para la voz humana, pensé mientras Jake siseaba y tarareaba el nombre del dragón verde.

»Como ves, su linaje es esmeralda y él te explicará lo que eso significa.

Mientras mi hermano hablaba, los demás dragones se quedaron donde estaban. Parecían intuir que yo sólo podía conocer a un nuevo dragón cada vez y sabían que llegaría su turno.

El dragón verde, aún sonriente, empezó:

—Los colores de los dragones verdes pueden ser desde verde lima hasta verde menta, e incluso podemos tener un verde otoñal en las alas y un verde salvia en la parte superior del cuerpo. Como observas, yo soy verde primavera, pero probablemente me oscureceré a verde esmeralda cuando envejezca. Eso es lo que suele ocurrir.

El joven dragón miró a Jake y le dio un codazo mental preguntándole si era lo bastante lista como para entender lo que había dicho.

Jake se echó a reír y respondió:

— Lo entiende todo y tienes suerte de que no te bombardee a preguntas.

Me preguntaba si era una señal para que empezara a hablar. Sin embargo, antes de que pudiera hablar con el dragón verde para hacerle saber que era inteligente, mi hermano dragón me dio un fuerte mensaje de «NO».

—¡Jajaja! –rió el dragón verde, al percibir nuestro intercambio–. Ya veo lo que quieres decir.

—Cuéntale sobre tus dones –insistió mi hermano.

—La mayoría de los cuentacuentos son dragones esmeralda –empezó Hisssflllummm–, porque tenemos una frecuencia más ligera, más curiosa y no tan seria, y conservamos nuestra juventud interior de una forma que quizá otros linajes no. Por supuesto, los ancianos de todos los linajes son narradores porque pueden hablar de sus linajes, de su ascendencia y de su profundo conocimiento personal. Sin embargo, el linaje esmeralda es particularmente bueno contando historias de dragones individuales que han sido un poco únicos. Cuentan estas historias para entretener, pero también para enseñar lecciones. Nosotros utilizamos un enfoque ligero y humorístico, mientras que los dragones índigo son más didácticos.

—¿Puedo interrumpir y hacer una pregunta? –le pedí cuando hizo una pausa para tomar aliento–. En mi planeta, la Tierra, solemos asociar el color verde con el mundo vegetal. Me pregunto si los dragones tienen jardines, plantas y árboles y, en caso afirmativo, si el linaje esmeralda está relacionado con ellos.

—Es una buena pregunta –respondió–. No había pensado en ello. Mmm... Mmm... Hemos estudiado tu planeta y, por lo que he averiguado, nuestro mundo es más árido. Es más montañoso y nuestras montañas son más altas. Nuestros océanos también son más profundos. Nuestro medio ambiente es más dramático, más extremo en todo. Mmm... Mmm... Algunas zonas tienen árboles y plantas muy altos, pero son relativamente pocos. No pensamos mucho en las plantas. Nos interesan más los minerales y nuestro mundo tiene muchos.

Hisssflllummm miró a mi hermano dragón con aprobación y le hizo mentalmente una pregunta. Jake asintió y el dragón verde se volvió hacia mí y me dijo: »Sé que se te da bien poner motes, y a mí también me gustaría uno.

Los apodos parecían ser la última moda entre los dragones, y yo estaba encantada de complacerles. Cerrando los ojos, me concentré en su personalidad alegre y parlanchina, y recibí el nombre perfecto.

—Kenny –respondí–. Este nombre me hace pensar en Irlanda y, en mi planeta, Irlanda es apodada la isla esmeralda.

—Kenny será –reconoció sonriendo–.

Dándose la vuelta, retrocedió para unirse a los demás al mismo tiempo que un dragón rojo rubí se adelantaba para reclamar su tiempo. Desconfié cuando se acercó y retrocedí. Era más alto y más ancho que los otros jóvenes y desprendía una inmensa energía de fuego.

—No me tengas miedo –dijo con voz grave y profunda–. Al ser humana, asocias el rojo con ser belicoso, pero los dragones de rubí no tienen esta cualidad. Para nosotros, el rojo es el color de la calidez y la energía.

Giró la cabeza hacia los demás dragones, que asintieron con la cabeza.

Los dragones de rubí tenemos una variedad de colores que van del amarillo anaranjado al rojo oscuro, casi caoba, pasando por el carmesí. Nuestros colores reflejan los colores del sol. Nuestro don es el calor y otros linajes nos buscan por eso.

Debí de quedarme con la mirada perdida, porque el dragón rubí me interrumpió y decidió ponerme un ejemplo con el que pudiera identificarme.

—Tenemos diferentes estaciones en nuestro mundo, como ustedes en la Tierra –explicó el dragón rubí–. En las estaciones de energía, algo así como tu verano, los dragones rubí están especialmente enérgicos para encontrar minerales y cristales y ponerlos a disposición de otros dragones como alimento y para muchos usos, y en la estación invernal los dragones se reúnen en un área comunal más grande para escuchar historias. Los dragones normalmente prefieren no tener a otros dragones cerca, sin embargo, quieren estar cerca de nosotros porque irradiamos calor y energía. Cuando los humanos superen los sentimientos belicosos, ya no asociarán el rojo con cualidades bélicas, sino más bien como una forma de energía.

Sus últimos comentarios picaron, lo que quizá no fuera su intención, ya que los dragones rubí parecían ser directos. En cualquier caso, terminó, caminó de nuevo hacia los demás e hizo un gesto con la cabeza a una dragona azul zafiro animándola a hablar conmigo. La dragona zafiro, que exudaba calma y paz, se tomó su tiempo para caminar hacia delante.

—Como puedes observar –dijo lentamente a modo de introducción–, soy principalmente del color del cielo. Nuestro linaje va desde el azul muy claro, casi blanco, hasta el azul marino. Podríamos tener algunas motas de diferentes colores que hemos heredado de otros linajes, sin embargo, los zafiros tienen el linaje de dragón más puro. Somos los menos propensos a reproducirnos con otros dragones, ya que deseamos mantener puro nuestro linaje.

Volviéndose hacia los dragones rubí y esmeralda, añadió, no sin humor:

»A veces se pide a un semental zafiro que se reproduzca con una madre rubí o esmeralda para calmar a las crías que nacen en ese linaje.

Los dragones rubí y esmeralda sonrieron y no se ofendieron demostrando que se trataba de una vieja broma entre ellos sobre sus diferencias.

Volviendo su atención hacia mí, la dragona zafiro continuó:

»Hemos elegido durante incontables generaciones pasar a los planos interiores. En tus términos, somos los meditativos, los espirituales. Nos interesa más el mundo interior que el exterior. Rara vez viajamos a otros mundos, o incluso a nuestro propio mundo, a menos que se nos recesite. A veces se necesitan dragones azul zafiro para calmar a dragones que están teniendo una disputa, o dragones que podrían salvarse si...

lograran aprender a controlar sus emociones. Calmamos a otros dragones no hablando, sino irradiando quietud pacífica.

—¿Podrías dar un ejemplo de por qué los dragones tendrían una disputa en tu mundo? –pregunte, feliz de oír que los humanos no eran los únicos que tenían disputas.

—De acuerdo, pondré un ejemplo –dijo, encantada de compartirlo–. Los dragones pueden tener de vez en cuando una acalorada discusión sobre cómo debe avanzar nuestra evolución. Algunos desearían avanzar más rápido en una dirección que otros considerarían peligrosa. En esos momentos, un dragón zafiro se sentaría en esas discusiones para que todos los dragones pudieran entrar en un estado más meditativo y quieto para descubrir qué camino deseaba la Fuente de Todo. Nuestras diferencias se deben al filtro que utilizan nuestros distintos linajes, más que a lo avanzados que estemos en la evolución. Somos una raza en evolución y aún no estamos perfeccionados.

—Es lo mismo para los humanos –interrumpí, intentando mostrar las similitudes entre nuestras razas–. Dependiendo de nuestra educación parental y cultural, podemos querer cosas muy distintas.

La dragona zafiro se replegó sobre sí misma y me di cuenta de que había hablado más de lo habitual. Mentalmente, y con una leve sonrisa, me preguntó si ella también podía tener un apodo. Fue un privilegio hacerlo, ya que desprendía paz y belleza interior y exterior. Cerré los ojos, me relajé en su hermosa aura y surgió su nombre.

—Tu apodo es Gracia –le dije–. ¿Te gusta?

—Oh, sí –respondió–. Gracia es ideal. ¿Qué significa?

—En mi mundo, el nombre Gracia significa alguien que ha sido bendecida y los demás se sienten bendecidos por estar con ella.

Mientras hablaba, los demás dragones asintieron al oír su nombre.

Quedaba un dragón de color arco iris y no tenía ni idea de qué linaje era. Cuando se acercó, me di cuenta de que, al igual que el dragón azul zafiro, era una hembra. Sonrió a mi hermano dragón mientras se acercaba y capté algo así como «*gracias por traerla*» en el mensaje que envió.

Inclinándose hacia mí, me dijo:

»Los dragones con los colores del arco iris somos cuidadores, sanadores especializados en trabajar con nuestros rezagados en varios mundos. Tenemos un poco de rubí, zafiro, esmeralda e índigo, según el linaje en el que nos

especialicemos. Mmm... Hay más variedad en el linaje de los cuidadores que en los otros   linajes porque los rezagados pueden ser de muchos linajes. El linaje cuidador se especializa en curar y nutrir a los rezagados y los que están al límite y siguen viviendo en nuestro mundo. Enseñamos a estos dragones a calmar sus emociones para que puedan convivir con otros dragones. Los dragones arco iris pasan al menos el 50% de su tiempo en otros mundos. Cuando volvemos a nuestro mundo natal, descansamos para recargarnos y a veces trabajamos con dragones jóvenes. Hay más dragones de color arco iris que de cualquier otro linaje.

—Se me pasan dos preguntas por la cabeza –le dije–

—Y la primera es... –reconoció indulgente.

—¿Por qué hay más dragones arco iris?

—¿No es obvio? –preguntó, sin esperar respuesta– Hace mucho tiempo los dragones no se criaban por cualidades específicas. Nos criábamos con los dragones que nos gustaban. Era una época en la que habitábamos en frecuencias astrales más bajas y, por lo tanto, éramos más emocionales. Entonces, la mayoría de los dragones eran mezclas de linajes. Ahora intentamos mantener nuestros linajes relativamente puros, pero, como observas, yo, al ser del linaje del arco iris, tengo todos los colores.

—¿Los dragones arco iris son tratados como inferiores a los dragones de linaje puro?

Pregunté, entrando en terreno arriesgado.

—En absoluto. Ahora se nos considera un linaje puro y nos entrecruzamos para continuar esta tradición. Uno de nuestros dones, además de la curación, es que somos más flexibles que los demás linajes porque estamos compuestos por muchos linajes.

¿Segunda pregunta...? –invitó.

—Me pregunto si tienen dragones amarillos.

—No. El amarillo es un tono de nuestros dragones rubí –intervino el macho más grande, de color rojo rubí.

—Así es –reconoció la hembra con los colores del arco iris, antes de añadir–. Me gustaría un apodo también... si no te importa.

Era la primera vez que un dragón pensaba en mi comodidad, y sentí que la consideración por los demás era uno de sus dones. Cerrando los ojos, vi sus múltiples matices de arco iris danzando al compás de los latidos de su corazón y llegó su nombre.

—Beth –compartí, abriendo los ojos.

—Perfecto –sonrió.

—A mí también me gustaría tener un apodo –dijo el dragón rubí, dando un paso adelante. Debería habértelo pedido antes.

—Eso es fácil –respondí–. Grant. Es un nombre franco y tú lo eres.

—Acepto. –respondió Grant, y, en un instante, vi su fuerza y el líder en que se convertiría.

—¿Hay dragones blancos? No veo ninguno aquí –pregunté, dirigiéndome a mi hermano dragón, que había estado esperando pacientemente a que sus compañeros tuvieran su turno con la humana.

—Si esto ocurriera, sernia porque algo salió terriblemente mal –respondió Jake, moviendo la cabeza de un lado a otro y mirando a los demás dragones para saber cómo proceder. Bajaron la mirada dejando claro que estaba solo para responder a mi pregunta.

—En nuestro mundo, el blanco no indica pureza. Indica vacío y carencia de linaje. Un dragón blanco no sería alimentado. Veo que esta idea te repele. Nuestras leyes y las tuyas no son necesariamente las mismas. Si un dragón está vacío y no tiene linaje, ¿cómo puede aprender y crecer? No es sólo que falte el color; es que falta la personalidad. A un dragón blanco no se le cuidaba y a veces uno de nuestros dragones de la paz iba y se quedaba con él hasta que moría.

Miró hacia los demás dragones para ver si alguno quería añadir algo. Beth, la hembra arco iris, intervino.

—Normalmente sabríamos antes de que naciera el dragón que había un problema grave y no se criaría. Esto es muy raro. Puede ocurrir cuando el padre o la madre son demasiado jóvenes. No deberían haber procreado porque no podrían transmitir su linaje o información ancestral. Mmm...Mmm... En nuestro mundo la reproducción no es sólo un acto físico de transmisión de material genético, es un acto de pensamiento, y dos dragones jóvenes, como yo, nunca considerarían hacer esto. Sin embargo, a veces puede haber un error de juicio con dragones muy jóvenes, lo cual es raro, pero puede ocurrir. Entonces este tipo de defecto puede ocurrir en el huevo.

—Gracias por explicármelo –le contesté– porque me ayuda a aceptar mejor esa decisión. Como dices, los humanos somos una raza diferente con leyes diferentes.

Aunque cada dragón era de gran ayuda, yo estaba agotada y mi cuerpo de dragón empezó a volver a su forma humana. Jake notó el cambio y dijo:

—Hemos cubierto los linajes principales. Eso es todo por hoy. Vuelve a tu mundo y hablaremos mañana.

Al instante me encontré de vuelta en mi jardín de meditación, a salvo en la Tierra. Me sentía eufórica por haber volado y por haber conocido a tantos dragones, pero era una gran carga para mi mente y mi cuerpo. Necesitaba cambiar por completo mi cableado para estar en un cuerpo de dragón, que era el doble de difícil que estar en mi cuerpo humano en su mundo de alta frecuencia. Aun así, tras haberlo hecho una vez, confiaba en poder hacerlo de nuevo... mañana.

Escuela de dragones

Al amanecer, Grant, el joven dragón rubí, apareció en mi visión interior.

—Ponte tu cuerpo de dragón y ven ahora –ordenó con su profunda voz–. Es hora de ir a la escuela.

Me pareció curioso que Grant, y no mi hermano dragón, se pusiera en contacto conmigo. Sin embargo, supuse que había una buena razón y decidí atender la llamada. Sentada en la sala de meditación de mi casa, imaginé la creación de mi cuerpo de dragón. Como había hecho anteriormente, me visualicé como un dragón tomando como modelo la imagen de mi madre de cría, pero esta vez añadí sutiles diferencias en mi coloración.

Una vez completada la transformación, alcancé el mundo de los dragones con mi visión interior y vi al grupo de jóvenes esperándome en el mismo lugar donde los había encontrado antes. Pero Jake no estaba entre ellos.

—¿Dónde está Jake? –pregunté. Me pareció raro que me dejara sola cuando era tan nueva en el mundo de los dragones y sus amigos.

—Nos espera en el lugar de aprendizaje –respondió Grant, que había asumido el liderazgo. Beth interrumpió:

—No estoy segura de que sea una buena idea.

—¿Qué idea? –inquirí con ansiedad.

—Jake sugirió que te lleváramos a la escuela con nosotros, pero puede que el maestro no lo aprecie –respondió Beth. Se notaba que ella era la responsable, un don de la estirpe del arcoiris, que yo seguía con gusto.

—Será muy divertido –me instó Kenny cuando me vio dudar–. ¡Vamos, vamos!

Se volvieron para mirarme todos al mismo tiempo. Beth se encogió de hombros admitiendo su derrota, ya que los otros tres me enviaban mensajes alentadores. Asentí con la cabeza y, rodeada de dragones novatos, me elevé en el aire. Grant tomó la delantera y Kenny se puso a su lado empujándolo y riendo. Grace y Beth, a ambos lados de mí, se enviaron un mensaje jocoso de «*chicos tontos*» que intercepté. Era maravilloso estar entre su contagiosa energía juvenil, y puse mi ansiedad en suspenso mientras volábamos más alto hacia las montañas.

Ser un dragón era estimulante y me sentía orgullosa de poder seguirles el ritmo en vuelo. Me encantaba desplegar mis fuertes alas y deslizarme por el aire. Me sentía libre y poderosa en mi cuerpo de dragón y habría preferido seguir explorando su mundo, pero no pudo ser. Al coronar un pico especialmente alto, emergimos sobre una meseta llana. En un extremo había un gran dragón zafiro que movía la cola de un lado a otro. Los novatos se pusieron inmediatamente serios y Kenny se echó hacia atrás y me susurró: «*Uy. Llegamos tarde*».

Rodeamos la cuenca, descendimos en grupo y aterrizamos en el otro extremo. Los novatos me rodearon: uno delante, otro detrás y dos a cada lado. ¿Por qué intentaban esconderme? Recordando la advertencia de Beth, empecé a pensar que esta salida era una muy, muy mala idea.

El enorme dragón macho se movió hacia nosotros al mismo tiempo que Jake aparecía a mi izquierda y, lanzando su ala sobre mí, tiraba de mí para acercarme.

—Siento llegar tarde, maestro –dijo Kenny, derrochando encanto.

—¿Y a qué se debe? –ordenó el gran dragón azul con voz atronadora.

Beth, tratando de salvar la situación, respondió:

—No tenemos excusa. Nos quedamos conversando.

—Sí, holgazaneando –se hizo eco Grant. Grace asintió al igual que los otros novatos y oí como enviaban mensajes de disculpa a su profesor.

Comprensiblemente curioso por ver por qué los jóvenes estaban acurrucados juntos, el maestro continuó aproximándose.

Cerré los ojos y quise desaparecer.

—No. ¡Quédate! –murmuró mi hermano dragón, acercándome aún más con su ala. Cuando el enorme dragón zafiro se acercó, Grant se apartó. También lo hizo Beth. Luego Grace. Finalmente, Kenny cedió hasta que mi hermano dragón quedó expuesto con su ala extendida sobre mí mientras yo, temblorosa, me acurrucaba debajo.

—¿Qué tenemos aquí? –preguntó el maestro–. Jaakelousekindvron ¿has traído una cría a clase?

El corazón de Jake latía deprisa y el mío galopaba con él.

—Veamos, Jaakelousekindvron. Quita el ala.

Jake hizo lo que se le ordenó, dejándome agachada y expuesta.

—Así que no es un polluelo, sino un humano en un cuerpo de dragón. ¿De dónde lo has sacado?

—Mmmm...Mmm... He estado hablando con ella. Ella es mi ... Mmm ... bueno, es así, señor, mi hermana del nido.

— ¡Basta! –ordenó el profesor a Jake.

—¡Ven! –ordenó, mirándome fijamente. Con esas palabras, se dio la vuelta y marchó hacia delante.

Haciendo lo que me ordenaba, le seguí a regañadientes.

—¡Date la vuelta! –me ordenó cuando llegué al frente. Estaba en su territorio con sus reglas, así que obedecí su orden sin vacilar.

Mirando fijamente a los polluelos, el profesor dijo:

—Esta es una buena oportunidad para estudiar a un humano.

Me sentí desnuda en mi cuerpo de dragón y mi concentración empezó a flaquear, seguida de una vacilación de mi forma de dragón.

—¿Cómo sabemos que es un humano? –preguntó el maestro, volviéndose hacia Grant.

—Bueno, mira cómo parpadea su cuerpo –respondió, lanzándome una mirada de disculpa por haberme traído.

—Si no flaqueara, si su concentración fuera mejor, ¿cómo lo sabrías? –lanzó la pregunta en dirección a Grace.

—Mirando a los ojos –respondió Grace, dirigiéndome una mirada de «¿Qué se le va a hacer?»

—Sí, pero si no hubieras visto sus ojos, Jaakelousekindvron, ¿cómo lo sabrías? –preguntó el profesor.

—Huele diferente –murmuró mi hermano dragón, enviándome una mirada avergonzada.

No me agradó descubrir que olía diferente, pero no tuve tiempo de pensar en ello, ya que el maestro me seguía la pista.

—Si no estabas lo suficientemente cerca para olerlo, o para ver sus ojos, y, si era más hábil para mantener su forma de dragón, ¿cómo lo sabrías?.

Todos guardaron silencio. El maestro dragón sonrió, completamente satisfecho de que su pregunta les hubiera dejado perplejos. A mí, en cambio, cada vez me molestaba más que me trataran como un objeto de estudio.

—Lo sé –se ofreció Kenny–. Es más sensible que nosotros y muestra sus emociones en la piel.

—Así es –dijo el maestro–. No tiene el mismo control de su mente que nosotros los

dragones.

—Ya basta –interrumpí–. No soy un objeto; soy humana.

—¡Ah! –se rió–. Habla.

—Claro que hablo –Levanté la voz y lo miré fijamente.

Me miró con curiosidad. Sin pedir permiso, se zambulló en mi mente para descubrir mi nivel de inteligencia. Le sentí descender cada vez más profundo en quién era, qué era y porqué estaba en el mundo de los dragones. Preguntas, preguntas. Me convertí en un libro abierto, revelado y leído por él.

—Es un erudito –pensé. Se echó hacia atrás sorprendido de que me hubiera dado cuenta tanto de su naturaleza interior como de su profundo deseo de transmitir a los jóvenes novatos los conocimientos acumulados a lo largo de su vida.

—¿Es normal que los dragones zafiro enseñen a los novatos? –Pregunté ahora que tenía su atención.

Hizo una pausa y pude oír cómo se preguntaba si responder o no a mi pregunta aportaría más información a sus alumnos.

—Responder tal vez aseguraría mi cooperación –le envié este pensamiento con fuerza, ya que no quería que siguiera tratándome como una cosa.

Me oyó alto y claro y respondió:

—Los zafiros tenemos más paciencia con los jóvenes. Y puede haber maestros en otros linajes.

—¿Le importaría adoptar su forma humana para que podamos examinarla? –preguntó, aprovechando mi promesa de cooperar.

Aunque se mostró cortés, lo cual era una clara mejora, ya estaba harta de que me trataran como a un espécimen. Me doblaba fácilmente en tamaño, pero mi justificada molestia hizo que se detuviera a considerar una estrategia para ganarse mi obediencia.

»Obviamente, usted está aquí para aprender de los dragones y nosotros estamos aquí hoy para aprender de usted. ¿Por qué no intercambiar información? –respondió, enviando ondas de calma sobre mí.

—Muy bien –capitulé y dejé que mi cuerpo de dragón se disolviera. Los polluelos jadearon y empezaron a parlotear entre ellos cuando vieron mi forma humana. Jake, tratando de protegerme, les envió una mirada de desaprobación y ellos captaron la indirecta y se callaron exteriormente. Con lo que no contaban era con que podía escuchar sus pensamientos internos con la misma facilidad como humano que como dragón.

—Si ella puede convertirse en dragón, quizá yo pueda convertirme en humana –pensó Beth, mostrando sus escamas arco iris, ansiosa por probar algo nuevo.

—Tiene unas escamas extrañas –pensó Kenny, que evidentemente no se fijó lo suficiente para descubrir que mi ropa no eran escamas.

Se acercaron para examinarme y Grant, siempre el primero en intentar algo, alargó la mano y me tocó el brazo.

—Mira qué frágil es –exclamó–. Tócala.

—Puedo oírte, Grant. Sigo siendo la misma en mi conciencia y, si otros van a tocar, que sea suave y uno a la vez.

En mi forma humana, los novatos eran mucho más grandes y mi cuerpo era vulnerable y, no lo olvidemos, eran jóvenes e impredecibles, como demuestra el hecho de que me trajeran a esta incómoda situación.

—Seré gentil –dijo Grace, dándose cuenta de mi inquietud. Extendió suavemente la mano y me puso una afilada garra en el brazo mientras me miraba a los ojos para ver si estaba bien.

Mi cuerpo humano se sintió extraño al ser tocado por un dragón. Aunque su garra no me arañó, fui demasiado consciente de su poder para agarrarme y atravesarme la piel. Grace notó mi incomodidad y se apartó.

No me importaría sentir los bigotes de tu cabeza –dijo Kenny–. ¿Está permitido?

Me eché a reír y Jake se unió a la risa, ya que estaba mucho más familiarizado con la anatomía humana que sus amigos.

—Tonto –le dijo a Kenny–. Eso es cabello. Todos los humanos lo tienen.

—Sí. Adelante –respondí a Kenny, que inmediatamente dio un paso adelante y empezó a peinarme cuidadosamente con sus garras.

—Esto es bonito –afirmó y, volviéndose hacia sus amigos, continuó– Vengan aquí. Prueben esto.

Uno a uno, cada uno se adelantó para acariciarme el cabello. Parecía que me cepillaban y lo disfruté. Al sentir mi placer, entraron en resonancia conmigo y empezaron a tararear suavemente.

—Ya basta. No deben hacerle daño –interrumpió el enorme dragón macho, instándoles a detenerse. Aunque intentaba mostrarse serio, sabía que se resistía a canturrear porque, al fin y al cabo, él era el maestro.

Me alegré de haber servido de ayuda pedagógica y le pregunté:

—¿Es ésta la forma habitual en que aprenden aquí los dragones? ¿Aprenden de ejemplares vivos?

—Suelo enseñar telepáticamente –respondió el maestro, enviándome una imagen holográfica de sí mismo de pie frente a la clase de alevines. Cerrando la imagen, continuó–

—Sin embargo, es maravilloso tener un espécimen vivo para verlo.

Jake se dio cuenta de que estaba cansada y dijo:

—Señor, creo que ya ha tenido suficiente.

—Sí –reconoció el maestro, notando mis hombros caídos–. ¿Quieres llevarla de vuelta a su mundo natal y continuamos nosotros?

—Eso no es necesario –afirmó Jake y su tono transmitía su orgullo por mí.

—Oh, puede ir sola. Bien –respondió el profesor.

Volviéndose hacia mí, continuó:

»Cuando llegues a casa, envíanos una imagen telepática de tu mundo natal para que podamos verlo.

Tras despedirme de mis nuevos amigos, regresé a mi casa y salí al exterior. Mirando hacia el océano, les envié un enlace telepático de lo que estaba observando. Podían ver las gaviotas volando, las focas nadando en el agua y un águila zambulléndose en busca de un pez. Quedaron impresionados e interesados por lo que veían y el maestro me envió un mensaje de agradecimiento.

Encantada de serle útil –respondí respetuosamente y cerré el enlace.

Al final todo salió bien y el profesor parecía satisfecho con la iniciativa de los alevines. Al ver a Jake relacionarse con otros dragones, me di cuenta de que me protegía y de que parecía más maduro que los demás alevines. Incluso Grant le obedecía y ninguno de ellos, a diferencia de Jake, había abandonado aún su mundo de dragones. Al llevarme a conocer a sus amigos, Jake no estaba alardeando, sino que intentaba incluirlos en sus experiencias. Como los jóvenes tenían aproximadamente la misma edad, me pregunté por qué se le permitía trabajar conmigo cuando ellos sólo estaban en formación. Fuera cual fuera el motivo, le agradecí que me llevara por su mundo y me presentara tantos encuentros y seres interesantes.

El viejo dragón de agua

Pasan varios días. Los días se convierten en semanas. Sin embargo, no regreso al mundo de los dragones. ¿Estoy demasiado cansada? En parte, y en parte me parece demasiado esfuerzo. No es el momento adecuado. No estoy preparada. Tal vez sea la oscuridad de la luna. Tal vez sea Mercurio retrógrado. Quizás son demasiadas cosas en mi día a día. Pero no quiero seguir adelante. No quiero esforzarme. En lugar de eso, quiero hacerlo todo con alegría y facilidad. Sé que esto es una lección para mí y estoy segura de que mi hermano dragón y todos los grandes maestros estarían de acuerdo. No importa si los demás piensan que soy perezosa cuando estoy en un estado de ser, en lugar de hacer. Estoy aprendiendo a abstenerme de las presiones internas y externas para avanzar constantemente en lugar de permanecer en el momento presente.

¿Y qué tiene esto que ver con los dragones y el mundo de los dragones? Quizás este mensaje no sea inmediatamente obvio, pero esta actitud a la que me refiero es la mejor vía para acceder a las frecuencias superiores. Así es como podemos viajar a los reinos donde existen los elementales, los ángeles, los maestros y los dragones.

Podemos hablar con ellos y estar con ellos sin presionarnos. Sí, es cierto que debemos utilizar nuestra voluntad, persistencia y determinación para acceder a frecuencias más elevadas, pero estas cualidades deben equilibrarse con la meditación, la contemplación y ese sentido interno que nos dice cuándo es correcto hacerlo.

Por lo tanto, un día me siento en silencio, meditativamente, y pregunto si ha llegado el momento de volver al mundo de los dragones. Oigo a mi hermano dragón decir «sí» y este «sí» lo siento dentro de mí como un conocimiento interior de que tengo libre albedrío ilimitado.

Descubro que tengo libre albedrío para responder al «sí» y que puedo mover este «sí» de un lado a otro, dependiendo de cuánto lo valore y de si quiero ponerlo en práctica, y me parece interesante practicarlo. No tengo límites y juego con el «*sí*». A través de esta exploración, aprendo lecciones más profundas sobre las frecuencias astrales superiores y percibo que este aprendizaje podría ser útil para los humanos en este momento.

Tengo la sensación de que, al compartir su persona y su mundo, Jake pone un cebo delante de los humanos curiosos que quieren leer su historia. Al hacerlo, son capturados como peces en un sedal hacia el conocimiento más profundo y la frecuencia más alta de su mundo, que es lo que él desea. Si comemos el cebo que nos pone, cada uno de nosotros puede ir a su mundo. La historia, como él dijo, es sólo para crear un camino, un puente, y para sugerir a los seres humanos que esto es posible para ellos también.

Una vez asimilado su mensaje, empecé a prepararme para adoptar un cuerpo de dragón y poder viajar por su mundo. No fue fácil, al intentarlo recordé lo que es vestirse cuando hace mucho tiempo que no te pones ciertas prendas. Cuando por fin lo conseguí, decidí viajar por el espacio en lugar de teletransportarme al mundo del dragón.

Mi decisión nació de una creciente confianza en que podía explorar y experimentar más de lo que había creído anteriormente. El espacio profundo era oscuro... vacío... pero no vacío. Había una conciencia inteligente en todo y organizándolo todo. Al alinearme con este pulso de conciencia, escuché mi sutil deseo de ir al mundo de los dragones. Inmediatamente estaba allí, en la cueva, pero esta vez Jake no estaba para recibirme. ¿No sabía que venía? ¿Volverá? Y, si es así, ¿cuándo? Mis preguntas eran como un suave impulso antes de tener un pensamiento. Eran solo curiosidades, no deseos.

Recorrí la cueva y descubrí que era mucho más grande de lo que había pensado. Al explorar las profundidades de la cueva, vi las paredes recubiertas de rubíes, zafiros, esmeraldas y cristales. Mis ojos de dragón no sólo veían la superficie de estas gemas, sino también lo que había bajo ella. Con una visión más profunda, me di cuenta de que esta cueva había sido elegida por mi madre de cría para utilizar gemas y cristales como fuente de energía y que existían cuevas similares en todo el mundo dragón con el mismo propósito.

Vi que los dragones habían sido creados por su entorno cristalino de la misma manera que los humanos fueron creados por el abundante entorno acuoso de la Tierra. Descubrí que mi cuerpo de dragón no era tan acuoso como mi cuerpo humano y que los sistemas de cristales conscientes habían sustituido a mis órganos humanos. ¿Por qué? Porque en el mundo dragón de frecuencia superior, los órganos físicos no eran necesarios. En su lugar, los dragones habían desarrollado órganos mentales y espirituales para viajar a través y fuera del espacio y el tiempo.

Me di cuenta de que los dragones cuidadores llevaban estas gemas a los rezagados de la Tierra tanto para alimentarlos como para ayudarlos a curarse. Comprendí lo difícil que les resultaba vivir en el medio acuoso de la Tierra, tan diferente de su mundo árido. En ese momento, sentí que Jake volvía a la cueva, así que retiré rápidamente mi atención de las gemas y los cristales y fui a reunirme con él.

Se alegró de verme. No necesitaba sonreír ni abrazarme, como harían los humanos, para que yo lo supiera. En cambio, su energía zumbaba de una forma que indicaba felicidad.

—Mmm... Has estado aprendiendo sobre nuestras gemas y cristales y cómo sus campos vibratorios nos ayudaron a desarrollar una unidad fluida de pensamiento y conciencia –dijo Jake cuando vio lo que había estado haciendo.

—Lo que he observado es que los dragones utilizan gemas y cristales para entrar en lo que los humanos denominan oscilación sincrónica –comenté–. Esto ocurre cuando nuestro cerebro se mueve en un patrón coherente que se encuentra más a menudo en estados meditativos profundos. Al hacer esto, nos movemos hacia frecuencias más altas que se asemejan a tu zumbido armónico.

—Sí, hay similitudes –respondió Jake–, pero los dragones empleamos los órganos cristalinos de nuestro cuerpo para resonar con la Fuente de Todo.

—Hablando de cristales, me preguntaba si te ayudan a producir fuego.

—Absolutamente. Los cristales en nuestros estómagos nos permiten respirar un fuego de conciencia transmutador y transformador.

La luz se encendió y recordé que, en una conversación anterior, Jake había mencionado que los humanos, a medida que evolucionáramos, tendríamos más propiedades cristalinas en nuestras células. Estaba claro que era necesaria una aclaración.

—¿Significa esto que los humanos también podrán respirar fuego en el futuro? –dije entusiasmada ante la perspectiva.

—Jajaja. Que gracioso. No, es un don de los dragones que no necesitas. Los humanos podrán usar su fuego a través de las manos para manifestar y desmanifestar forma, también a través de los ojos. Ciertamente, podrán escupir fuego si quisieran, sin embargo, probablemente no sea eso para lo que usarán el fuego ya que desarrollarán otros usos para el cristal que está en las células y en la mente.

Ansiosa por seguir con este tema, abrí la boca justo a tiempo para oír a Jake decir:

»Prefiero no responder a más preguntas sobre el fuego. Hoy he pensado que podríamos conocer a un dragón que vive en el agua y podrás hablar tú misma con él.

Su sugerencia me pareció emocionante y me convenció fácilmente. Llegué a confiar en sus planes porque aprendí mucho haciéndolo.

Al ver que estaba de acuerdo, se dirigió a la entrada de la cueva y alzó el vuelo. Lo seguí con facilidad y cada vez confiaba más en mi capacidad para volar cuando se desvió a la izquierda hacia los picos de las montañas que se acercaban rápidamente. No había tiempo para un ascenso gradual y empezamos a subir cada vez más alto hasta que, por fin, una corriente de aire fresco nos sostuvo. Desde esa altura, podíamos planear sin esfuerzo y yo esperaba disfrutar de esta nueva experiencia durante mucho tiempo, pero no iba a ser así. Jake descendió rápidamente a una cota más baja y, al seguirlo, vi una gran extensión de agua. Comparado con la Tierra, diría que era tan grande como el mar Mediterráneo.

Levantando sus alas extendidas, mi hermano aterrizó en la arena y yo me tumbé, sin tanta gracia, a su lado. Jake empezó a llamar telepáticamente a un ser en el agua para anunciar nuestra llegada. Envuelto en el mensaje exterior había un segundo y cortés mensaje interior solicitando audiencia. Al escuchar su respetuoso mensaje interior, me di cuenta de que buscaba una audiencia con un dragón mayor y maduro. De pie en la orilla, cerca del agua, mi hermano dragón adoptó una postura erguida. Yo hice lo mismo. Mirando hacia el mar, vi ondas moviéndose...hacia nosotros que rápidamente se convirtieron en olas más grandes a medida que se acercaban a la orilla. Un viejo y gran dragón emergió enviando olas por nuestras piernas hasta el vientre y el pecho.

Mirando sólo a Jake, el viejo dragón refunfuñó molesto.

—Oí tu petición y aquí estoy. ¿Qué quieres?

—Traje a... –comenzó mi hermano en tono de disculpa.

—Sí, ya veo lo que has traído. Un humano. ¿Y qué quieres? Perturbas mis sueños.

Jake se hundió en sí mismo, luego se recuperó y se puso más erguido.

—No perturbaría sus sueños, sabio, si no fuera importante. Esta humana es una mensajera entre su raza y la nuestra. Nos reunimos con otros en nuestro mundo para enseñarle y que pueda dar esta información a otros humanos. Rogamos, pedimos, solicitamos tu don de la sabiduría del agua para que tu linaje esté representado entre las enseñanzas.

Hasta entonces, el viejo dragón me había ignorado con la mirada. Ahora se volvió y me inundó con preguntas penetrantes. Examinó rápidamente todos mis pensamientos, emociones, motivaciones. En resumen, todo de arriba abajo, interior y exterior. En otras circunstancias, podría haberme ofendido por esta invasión, pero, en esta situación, parecía ser el curso normal de los acontecimientos. Después de todo, ¿por qué iba a dedicarnos su tiempo si no le reportaba ningún beneficio ni a él ni a su linaje? A través de su profunda visión, el dragón de agua llegó a la conclusión de que la Fuente de Todo estaba de acuerdo con nuestra petición y se volvió hacia mi hermano dragón.

—Muy bien. Tienes mi atención. ¿Qué deseas preguntar?

Hasta ese momento, me había sentido tan intimidada por su tamaño y las diferencias físicas con otros dragones que no lo había examinado a fondo. Ahora lo hice. Es difícil decir cuál era su color. Parecía pasar de la visibilidad a la invisibilidad. Estaba y no estaba. Esto debe ser a lo que se refería cuando dijo que le alejábamos de sus sueños. En sus sueños, debe volverse invisible para los demás.

Al oír mis pensamientos, el dragón de agua se volvió hacia mí. Sabía que yo había supuesto correctamente lo que le ocurría en su estado de sueño cuando salía de su forma corporal hacia reinos invisibles superiores. Por su mirada, supe que aprobaba mi observación y se quedó observándome mientras lo examinaba más a fondo.

La cresta de su cabeza era mucho mayor que la de mi hermano dragón y los demás

jóvenes. Era estriada, no del todo sólida y más flexible. Su cresta continuaba desde su

cresta hasta la nuca y algo por el cuello. Tuve la corazonada de que su cresta funcionaba como una antena receptora de sueños profundos. Al oírlo, asintió con la cabeza y reconoció mi intuición. Sus patas eran mucho más cortas que las de los dragones terrestres y tenía telarañas entre cada garra para nadar e impulsarse por el agua. Su cuerpo era más aerodinámico y su cola era más fuerte que la de Jake y tenía un timón más grande en el extremo para dirigirlo por el agua.

Volviéndose hacia mi hermano, el viejo dragón de agua dijo:

—Ahora entiendo por qué la has traído. Es la primera humana que conozco y quizá prejuzgué su raza. Aun así, tengo poco tiempo para preguntas. Me estoy secando en la playa y deseo volver a las profundidades. Date prisa. ¿Qué quieres saber?

Jake se volvió hacia mí y, asintiendo con la cabeza, me animó a hacer preguntas.

—Sabio –empecé, enviando un mensaje telepático de respeto y gratitud por su atención–, veo que soñar sueños profundos es...

Hasta ahí llegué antes de que el dragón de agua me interrumpiera.

—Tus preguntas son demasiado lentas, déjame decirte.

Con ese comentario empezó a enviarme rápidos mensajes telepáticos llenos de imágenes para acompañar sus palabras y simultáneamente vi, sentí y oí su respuesta.

»Los dragones de agua somos soñadores profundos. Estamos en proceso de retirarnos del reino físico y convertirnos en incorpóreos. Mantener este cuerpo físico es un esfuerzo para nosotros. Nos tumbamos en el fondo del océano en lugares de energía donde meditamos, contemplamos y soñamos comunitariamente. A diferencia de los dragones terrestres, tendemos a ser comunales, al menos para soñar. Nuestros sueños pueden prolongarse durante largos periodos de tiempo en los que buscamos pasar a frecuencias más elevadas y desencarnadas. Cantamos canciones juntos. Podríamos llamarlos cantos tarareados. Aumentamos la oportunidad de que todos en comunidad nos movamos hacia frecuencias más elevadas.

Tenía muchas cosas que quería saber sobre los dragones de agua, y rápidamente pregunté:

—¿Comen algo?

—Nuestra comida procede de las fuentes de energía del océano. Ya no consumimos carne de ningún tipo. Al principio de nuestra evolución, cuando algunos de nuestros hermanos dragones abandonaron el agua y subieron a la tierra, nuestro linaje decidió permanecer en el agua y evolucionar allí comunitariamente.

Le envié una imagen de ballenas jorobadas que viven en manadas en la Tierra y el mensaje de que son profundas soñadoras.

—Sí, sabemos de ellas –reconoció–. Los dragones de agua no necesitamos viajar a otros mundos porque podemos hacerlo todo con la mente. Ahora, si no hay más preguntas...

—En realidad, tengo una pregunta más –dije–. Cuando estuve de visita en Kauai, una isla de mi planeta, conocí a dos dragones de agua. Uno vivía en el océano y el otro era ciego y vivía en una cueva. Los hawaianos, es decir, los humanos, creen que pertenecen a un linaje igual que los dragones. Cada linaje hawaiano tiene lo que llaman un *amakua*, que es un antepasado que cuida de ellos. El dragón de agua que vivía en el océano decía que era mi amakua, un 'mo'o', por parte de mi madre.

—Sí, sabemos de ellos –respondió el enorme dragón de agua, mirándome–. Veo tu relación con ellos y por eso hablo contigo. Son una evolución anterior a la nuestra. Al igual que los dragones terrestres, tuvimos rezagados en nuestra evolución, aquellos que eran incapaces de avanzar hacia frecuencias más elevadas. Al principio de nuestra evolución de dragones de agua, encontramos mundos a los que podían ir.

Estos son tus mo'o. Ellos también son soñadores.

—El mo'o ciego vivía en una cueva en el agua y yo...

—Nuestras cuevas no siempre están en el aire –continuó, anticipándose a mi pregunta–. Algunos dragones terrestres prefieren tener cuevas ancladas en el suelo, otros quieren cuevas en lo alto de las montañas, y a otros les gusta nadar y entrar en cuevas submarinas. Cada linaje elige cuevas que reflejen sus preferencias.

—¿El mo'o que conocí era ciego a causa de la oscuridad de las cuevas? –pregunté.

—No –respondió el dragón de agua–. La visión externa habría distraído al mo'o de entrar en el estado interno y por eso estaba ciego. Ahora nuestro tiempo ha llegado a su fin.

Con sus últimas palabras, llamó a una ola para que le abrazara y se deslizó en el agua, señalando el final de nuestra audiencia.

Jake esperó hasta que el dragón de agua se hubo marchado del todo antes de hablar.

—Nos sentimos muy honrados de que el sabio haya venido a hablar con nosotros. Los dragones de agua no desean dedicar tiempo a una existencia encarnada e incluso nuestros dragones de tierra maduros no suelen tener audiencias con ellos.

Los dragones de agua creen que hablar con nosotros, los dragones de tierra, reduce su frecuencia y retrasa su objetivo de abandonar la existencia corporal.

—¿Están a punto de abandonar su existencia corporal? –pregunté.

—Pasan a la invisibilidad, lo que sólo pueden hacer los nuestros. No presionamos a los dragones de agua para que se unan a nuestros cónclaves. Sin embargo, cada milenio más o menos un antiguo vendrá a ponernos al corriente de sus progresos. Cuando eso ocurra, debemos celebrar un cónclave junto al agua y entonces el dragón de agua será abrazado continuamente por el agua. Has recibido un gran regalo y has hecho mucho hoy y creo que es mejor parar.

—Me ha gustado conocer a tus amigos novatos y ahora al dragón de agua. Tengo curiosidad por saber a quién conoceremos después. Estaba insinuando un adelanto de lo que Jake planeaba.

Sólo sonrió y desvió mi pregunta.

—Ya lo sabrás, pero no hoy. Estoy intentando preparar algo especial, sin embargo, es un poco complicado. De todos modos, estás muy agotada. Descansa.

Una vez fomentada mi intriga, Jake desapareció.

Viaje al mundo dragontino inferior

Al salir el sol, me preparaba para ir al mundo de los dragones a por ese «*algo especial*» que Jake me había prometido, cuando apareció en mi visión interior.

—No te molestes en venir –dijo–. No nos quedaremos aquí hoy. Nos esperan en otro sitio.

—¿Dónde más? –pregunté. No pude evitar darme cuenta de que parecía nervioso.

—Lo disfrutarás. Es algo que querías –replicó, tratando infructuosamente de tranquilizarme–.

Jake estaba de pie sobre sus patas traseras, sosteniendo lo que parecía un pergamino en su garra delantera derecha.

—¿Qué es eso que tienes? –pregunté, señalando el pergamino.

—Es una presentación –respondió, aclarándose la garganta–.

—¿Una presentación para quién?

—Para el dragón con el que hablaremos hoy que... bueno, no está en mi mundo.

—¿Podría aventurar que es un dragón de baja frecuencia con el que nos encontraremos hoy y que esta en... su mundo de dragones?

—Sí, eso sería correcto –respondió mi hermano dragón–. Sin embargo, no te preocupes, voy contigo. Tengo una presentación y estos papeles para garantizar nuestra seguridad.

—¿Nuestra seguridad? –exclamé–. Si no recuerdo mal, me dijiste que a esos dragones no les gustan los humanos y, además, que son gigantescos. Admito que tengo curiosidad, pero ¿no podrías enviarme imágenes holográficas para que pudiéramos quedarnos aquí a salvo?

—Estaremos perfectamente a salvo. Nuestro embajador en el mundo dragón de baja frecuencia ha solicitado que su embajador se reúna con nosotros. Está todo aquí, en los papeles –continuó, agitando el pergamino hacia mí.

—¿Cómo llegamos allí? –pregunté.

—Eso es sencillo. Yo te llevaré.

—¿Necesito cambiar a un cuerpo de dragón?

—Por supuesto que sí. No puedo aceptar que parezcas humana.

—¿Y debería cambiar al mismo cuerpo de dragón que he estado usando en tu mundo?

—Esa es una pregunta estúpida. Ese ES tu cuerpo de dragón.

—¿Y voy a tener un momento para adaptarme antes de que aterricemos?

—Ya basta de preguntas. Le estás dando demasiadas vueltas –dijo Jake, mostrando frustración–. Quiero que visualices que los dos vamos juntos al mundo de los dragones de baja frecuencia. Es tan sencillo como eso. Igual que tú viajas a nuestro mundo, imagínate viajando a su mundo conmigo.

Imaginé que me colocaba dentro de su aura para ir con él al mundo de los dragones de baja frecuencia, que yo sabía que aún estaba en una frecuencia más alta que la de mi mundo. No quiero que parezca que no estaba dispuesta, porque me entusiasmaba la idea de conocer a esos dragones en persona.

Sin embargo, por debajo de ese entusiasmo, tenía grandes reservas sobre la posibilidad de que acepten un humano... aunque estuviera en mi forma de dragón.

Jake escuchó mis dudas y se ofreció voluntario:

—Yo también tengo preocupaciones. No eres la única que estará en una tierra extranjera. Son mucho más grandes que nuestra raza y yo aún soy un novato y los novatos no se mueven entre nuestros mundos. Y no olvides que soy responsable de ti. Entonces, ¿de qué tienes que preocuparte?

Por sus palabras, me di cuenta de que él también estaba nervioso por ser aceptado, lo que aumentó mi inquietud. No tuvimos más tiempo de hablar antes de posarnos en un frondoso bosque que recordaba a Parque Jurásico. Por mi mente pasaron imágenes de dinosaurios parecidos al Tyrannosaurus Rex y esperaba que se estrellaran contra los arbustos en cualquier momento. Jake y yo nos quedamos pegados al punto de aterrizaje, preguntándonos qué debíamos hacer a continuación. No tardamos mucho en oír cómo se rompían las ramas y ese sonido se acercaba. Mi hermano dio un paso hacia mí, y yo no estaba segura de quién protegía a quién cuando un enorme dragón esmeralda emergió de entre la maleza.

Este dragón era mucho más grande que el antiguo dragón rojo rubí que había conocido en Islandia, por lo que era al menos tres veces más grande que nosotros. Era más ancho y pesado, con una barriga considerable, y llevaba una corona con bayas rojas en la cabeza que, supuse, significaba su condición de embajador oficial.

Caminaba sobre dos patas traseras de tamaño gigante y las delanteras eran más pequeñas (en relación con su tamaño) que las de los dragones de mayor frecuencia. En sus garras llevaba un pergamino similar al de Jake. Nos miró con decepción y era de suponer que tenía que ver con la juventud de mi joven amigo.

Jake notó el disgusto del desconocido y decidió mejorar la situación extendiendo su pergamino.

—Puede ver, señor, que nuestro embajador, Sigmagupakin, nos ha permitido visitar su mundo. Aquí tiene nuestra carta de presentación solicitando su ayuda.

El dragón maduro cogió el pergamino extendido y le dio el suyo a Jake. Ambos dragones desplegaron sus respectivos pergaminos a la vez y empezaron a leerlos. No entendía por qué era necesario este protocolo cuando lo único que necesitaban era hablar entre ellos y traté de contener una risita nerviosa, que no me cabía duda de que sería totalmente inapropiada.

Al darse cuenta de mi diversión, el extraño dragón me miró fijamente y dijo:

—Hay que seguir los protocolos, ya que no somos amigos de los humanos y sólo tenemos contacto intermitente con el otro mundo dragón.

Aunque me habló utilizando el mismo tipo de telepatía al que estaba acostumbrada en el mundo superior de los dragones, sus palabras tenían más fuerza. Su reprimenda me dijo en términos inequívocos que más me valía ponerme en forma o el propósito de nuestra visita correría peligro de fracasar.

Ni Jake ni yo sabíamos qué protocolos utilizar a continuación, así que esperamos una señal del dragón maduro.

—A modo de presentaciones formales –empezó, intuyendo nuestro dilema–, soy Hisssofforwas, el embajador, y sería improbable que alguien más que yo les diera la bienvenida. Como saben por nuestra historia –continuó, dirigiéndose a mí–, nosotros y los humanos no siempre nos hemos llevado bien. Sólo hay una razón por la que me reuniría con un humano y un novato (miró despectivamente a Jake) y es para ofrecerte un relato justo de nuestro mundo para que tú, un humano, (me miró despectivamente a mí) puedas poner una versión positiva de nosotros en el libro que tu embajador dice que estás escribiendo.

Hisssofforwas miró a Jake y a mí, preguntándose si alguno de los dos era capaz de hablar. Me sentía intimidada y experimentaba dificultades para conservar mi forma de dragón, y sentí un gran alivio cuando Jake rescató la situación.

—Señor, soy Jaakelousekindvron y le agradecemos que se tome tiempo de sus otras obligaciones para hablar con unos jóvenes inexpertos como nosotros.

Esa era la solución. Jake había encontrado la forma de mejorar la situación apelando al orgullo y la pericia del dragón maduro.

—Mmm… Tu nombre me dice que debes ser el hijo de Drakekindvron pero, siendo índigo, no te pareces en nada a él. Cuando yo era joven, él fue mi mentor para los dragones rubí en tu mundo. ¿Se encuentra bien? Ah, olvidaba que no se mantienen en contacto con sus progenitores como nosotros aquí.

Vaya, pensé, era un interesante dato histórico sobre el progenitor de Jake, pero no tuve tiempo de detenerme en esa información. A mi hermano dragón le erizó la piel que se refirieran a él como un polluelo y supe que estaba a punto de perder los puntos que acababa de ganar cuando, por suerte, Hisssofforwas dijo:

—Sigamos con la visita. Síganme.

El fornido dragón se adentró por un sendero a nuestra derecha y esperaba que lo siguiéramos. El entorno contrastaba totalmente con el del mundo de los dragones de alta frecuencia. La humedad y la abundante vegetación me recordaban a nuestras selvas tropicales de la Tierra y mi hermano tenía una amplia sonrisa en la cara mientras caminaba alegremente por el sendero embarrado.

Hisss –pensé, poniéndole un apodo, aunque no tuve la desfachatez de compartirlo con él–, se abrió paso entre la maleza sin darse cuenta de los escombros que caían a su paso. Sin ánimo de quejarnos, sorteamos las ramas caídas y pronto salimos del bosque para adentrarnos en un largo valle con acantilados a ambos lados y, en medio, un asentamiento donde se mezclaban dragones de todas las edades, tamaños y sexos. Qué diferencia con el solitario y tranquilo mundo de alta frecuencia al que me había acostumbrado. Jake se quedó con la boca abierta y le hice una señal para que la cerrara mientras Hisss nos guiaba a través de la colección. Al notar que nos acercábamos, los diversos dragones se callaron y nos clavaron la mirada. Por su atención, se notaba que nunca habían visto a un dragón de alta frecuencia tan joven. Jake, manteniéndose erguido, intentó hacerse lo más grande posible, mientras yo me concentraba en mantener mi cuerpo de dragón.

—Mira, es un humano –exclamó uno de los dragones más jóvenes, señalándome. Pensé que había hecho un buen trabajo manteniendo mi cuerpo de dragón, pero mi olor o mi aura o algo más, me había delatado.

—Increíble –comentó otro joven, acercándose con la intención de tocarme.

Aproximadamente de la edad de Jake, pero del doble de tamaño, no me sentía segura dada la delicada historia de los humanos con los dragones de menor frecuencia.

—Estos son nuestros INVITADOS –interrumpió Hisss, deteniéndolo en seco–. Sigue con lo tuyo.

El joven dragón se disculpó y retrocedió en señal de deferencia, indicando que el embajador dragón era muy respetado. Hisss reanudó la marcha entre los enormes dragones que lo miraban fijamente y se dirigió hacia una estructura situada en el extremo más alejado del asentamiento.

Mirando a mi alrededor, me di cuenta de que el valle estaba lleno de cuevas, desde el suelo hasta lo alto de los acantilados. A diferencia del otro mundo dragón, las estructuras de madera se extendían desde las entradas de cada cueva y cada estructura era única. Algunas eran cuadradas, otras rectangulares o circulares, y en cada estructura se entretejían diversos árboles y arbustos. Esta aldea, con sus exuberantes estructuras terrosas, me resultaba más atractiva que el árido paisaje del otro mundo dragón. Jake, al parecer, estaba de acuerdo porque exudaba oleadas de placer mientras observaba los alrededores.

Hisss se detuvo frente a una cueva situada en el suelo. Allí esperaban una joven dragona y dos pequeños.

—Esta es Murmastosis, mi actual pareja y mis actuales polluelos –dijo Hisss a modo de presentación.

Me hubiera gustado preguntar a qué se refería con *actual*, pero no quise ser descortés.

—Pónganse cómodos –dijo Murmastosis, haciéndonos señas hacia un pozo de arena...humeante con brasas calientes.

Siguiendo las instrucciones, nos acomodamos en la fosa y ella colocó delante de nosotros rubíes y granates, que supuse que eran para la energía.

—Gracias por su cálida bienvenida –dijo Jake cortésmente a Murmastosis. Admiraba su tacto, dada lo que para él era una situación desconocida.

—No es desconocido –susurró telepáticamente–. Nuestro maestro nos ha mostrado

holográficamente estas estructuras y nos ha hablado de los comportamientos apropiados en este mundo.

En ese momento, Hisss entró en el foso de arena con nosotros y sus polluelos se acurrucaron en su regordete costado. Los ojos de Jake se abrieron de sorpresa ante el cariño que mostraban los polluelos.

Hisss se dio cuenta y le comentó a Jake:

—A diferencia de tu mundo, en el nuestro los padres mantienen un estrecho contacto con su descendencia. Creemos que esto los asienta y los nutre de un modo que a ti te parecería desagradable.

Hisss asumió el papel del anciano entendido que le dice al joven cómo mejorar y Jake, me alegró ver, aceptó sus enseñanzas de buen grado. Hasta ahora, había observado en silencio este mundo y las interacciones, pues no quería empezar con mal pie. Ahora me sentía más cómoda y decidí hacer una pregunta.

—¿De qué manera enseña a su descendencia, señor? –le pregunté.

—Como probablemente sepas –respondió, volviendo su atención hacia mí–, nuestro mundo está en una frecuencia astral más baja que está más cerca de la frecuencia de la Tierra que de la del mundo dragontino superior.

Asentí en señal de comprensión y él continuó en tono paternal:

»Respetamos el amor, la paciencia, la lealtad, la compasión y otras cualidades nobles, y nos esforzamos por desarrollarlas. Hemos

descubierto que, si somos físicamente afectuosos con nuestros polluelos y volantones, desarrollan estas cualidades más fácilmente.

—Hemos aprendido lo mismo en el mundo humano –respondí,
intentando crear un puente entre nosotros.

Mientras tanto, a un lado, vi a unos machos volantones que llevaban una rama e instaban a Jake a unirse a ellos en lo que parecía ser
un juego que implicaba contacto físico. Aunque le encantaba probar
cosas nuevas y quería unirse a ellos, era consciente de su desventaja
física, ya que era la mitad de grande que los otros volantones, y dudó.

Hisss reconoció el dilema de Jake. Llamó a los volantones al foso
y les propuso:

—En vez de taclearse para conseguir la rama, les sugiero que
sólo se toquen con la rama y el que sea tocado queda fuera del juego.
Ganará el que no se deje tocar con la rama. Así, nuestro INVITADO
podrá unirse al juego.

Los volantones se miraron dudosos, ya que el contacto físico parecía ser una de sus prioridades. Sin embargo, echando un buen vistazo al
menudo y más pequeño Jake, y ante la palabra INVITADO, accedieron.
Por consentimiento tácito, el volantón más grande tomó la rama.

Jake subió como un rayo al centro del grupo, manteniéndose
alejado de la rama. El gran volantón rubí que sujetaba la rama corrió
tras Jake pero, al no poder alcanzarlo, marcó a un esmeralda que se in-
terponía en su camino. El esmeralda quedó fuera y el rubí grande volvió
a perseguir a Jake. Jake se escabulló rápidamente entre los machos
zafiro e índigo y el dragón rubí, viendo la oportunidad, marcó al zafiro.
Quedaban dos volantones y el joven rubí ganó velocidad mientras
perseguía a Jake. Las cosas no pintaban bien para mi pequeño hermano
dragón cuando el volantón zafiro salió tras los dos e, interceptando a

su amigo rubí, le arrebató la rama de la garra. Al ver la situación del rubí, los demás se echaron a reír, pues estaba claro que las reglas del juego cambiaban a medida que jugaban.

El gran joven rubí se marchó con el zafiro tras él. Jake se quedó donde estaba, sin saber qué hacer, cuando el zafiro se desvió, lo marcó y le dio la rama. Riéndose de haber sido engañado, Jake salió tras el gran volantón rubí, que corría demasiado rápido para que Jake pudiera alcanzarlo. Finalmente, Jake se detuvo y, jadeando, aceptó la derrota. Los demás corrieron hacia él y le dieron palmadas en la espalda. Él se dobló al recibir las palmadas con tanto entusiasmo, pero permaneció de pie, orgulloso de haber resistido. De vuelta al foso, se desplomó exhausto.

—Así se hacen amigos –dijo Hisss con aprobación, mirándome fijamente para ver qué pretendía hacer para conseguir lo mismo que Jake.

—Nada –dije en voz alta–. Con cualquier actividad extenuante volveré a mi forma humana y me pulverizaré. ¿Y entonces qué dirá de ti la entrada de mi libro? Puedo decirte desde ahora que no será favorable.

—Buena observación –respondió Hisss–. ¿Tienes alguna otra sugerencia sobre lo que te gustaría hacer? –insistió, levantando la ceja derecha.

Devanándome los sesos y mirando a la joven que me observaba, dije: —Me gustaría hablar con Murmastosis.

—Por supuesto –aceptó Hisss de buen humor. Cogió a los dos polluelos, uno en cada garra, y salió del cálido foso. Hisss asintió a Jake para preguntarle si quería acompañarlo. Mi hermano dragón me miró con cara de «¿Puedo quedarme?» y yo accedí. Al fin y al cabo, era su oportunidad para aprender más sobre este mundo y yo no se lo impediría.

Murmastosis me miró a mí y luego a Jake y esperó a que alguno de nosotros le preguntara algo. Por extraño que parezca, no sabía qué preguntarle porque no quería hacer ni decir nada indebido. Jake acudió al rescate.

—Si no le importa que pregunte, ¿podría hablarnos de la relación entre hembras y machos en su mundo?

Una pregunta tan obvia para un joven dragón macho y la joven hembra sonrió pensando lo mismo que yo.

—En nuestro mundo, las hembras son iguales en la elección de pareja y en la crianza de los polluelos –respondió con orgullo y autoridad.

Al ser esmeralda y mucho más joven que Hisss, también tenía curiosidad por saber más sobre los roles de género en el mundo de los dragones de baja frecuencia.

—Hisss dijo que eras su pareja actual. ¿Qué quiso decir? –le pregunté con el mayor tacto posible.

—Soy su quinta compañera y es su cuarto grupo de polluelos –respondió Murmastosis–. Pero él es mi primer compañero. Las hembras y los machos más jóvenes suelen tener compañeros mayores para que les enseñen a ser buenos compañeros y a criar a sus hijos.

Sonrió tímidamente a Jake mientras hablaba y percibí un cambio en la dirección que estaba tomando la conversación.

—Mmm... Mmm... –empezó Jake, llegando a su verdadera pregunta–. ¿Las hembras de aquí encontrarían a los machos de mi mundo deseables como compañeros?

—Depende de lo que ofrezca en cuanto a cualidades deseables –respondió, invitando a seguir debatiendo.

—Mmm... Mmm... –insistió Jake–. ¿Es deseable para una hembra esmeralda, por ejemplo, pensar alguna vez en un compañero índigo como atractivo?

—Desde luego –respondió con coquetería, y pude ver a dónde quería llegar–. Sin embargo, si tuviera polluelos que criar, querría que volaran primero. Seguro que lo entiende.

—Oh, sí –respondió Jake rezumando comprensión–. Y tendría que ser en el momento adecuado, cuando ambos dragones fueran adultos, ¿no crees?

Dios mío, ¿cómo me había convertido en una fisgona del cortejo?

—Sí, es cierto –respondió la encantadora hembra esmeralda, bajando recatadamente la cabeza–. Y en nuestro mundo, tanto machos como hembras pueden tener muchas parejas a lo largo de la vida. ¿Es lo mismo en el tuyo?

—Por supuesto –respondió Jake, arrastrándose hasta su altura completa.

—Genial –dije girándome primero hacia ella y luego hacia él–. He aprendido mucho.

Muchas gracias por compartirlo. Y ahora Jaakelousekindvron, es hora de volver a tu mundo, ¿no crees? –Le di un codazo telepático y lo entendió.

—Por favor, dele nuestros mejores deseos al embajador y agradézcale que nos haya recibido –dijo cortésmente a Murmastosis, antes de añadir con un brillo en los ojos–. Espero verla de nuevo.

Me despedí con la cabeza y, agarrándolo mentalmente, lo empujé de vuelta a su mundo mientras yo volvía al mío.

Tal vez haya evitado alguna infracción de la etiqueta dragón, pensé mientras repasaba lo que había ocurrido entre Jake y la joven. En general, pensé que lo habíamos hecho bien, pero estaba deseando oír lo que mi querido hermano dragón tenía que decir sobre su cortejo la próxima vez que nos viéramos.

Mi madre dragón

Preocupada por las repercusiones del comportamiento de Jake, no dormí bien. Cuando abrí los ojos a un nuevo día, transformé rápidamente mi forma humana en mi familiar cuerpo de dragón y me dirigí a su cueva. Estaba allí agazapado esperándome con expresión severa.

—No me gustó que me empujaras mentalmente –resopló, poniéndose en pie–. Eso para los dragones es muy ofensivo y una falta de respeto.

—¿Qué hacías flirteando con la compañera de otro dragón y, encima, en un mundo extranjero? Uy, ¿se me olvidó mencionar que era la compañera del embajador? –repliqué, sermoneándole.

—Cuando piensas como un humano, no lo entiendes –dijo–. Y no regañes, es muy impropio –añadió, sin tomarse en serio mi preocupación.

—Entonces explícate. ¿Qué es lo que no entiendo? –pregunté confusa.

—Le ofrecí a Murmastosis un cumplido. Y como pudiste ver por su respuesta, yo, al ser un dragón de frecuencia más alta, sería bienvenido como futuro compañero... cuando me convierta en adulto, por supuesto.

—¿Y cuándo sería eso? –pregunté.

—Seré maduro dentro de unos cientos de años, momento en el que ella seguirá siendo joven y encantadora y más pequeña que la mayoría de las hembras del mundo de baja frecuencia. En otras palabras, deseable.

—Es un buen punto –admití–. Murmastosis dijo que ella es la quinta compañera de Hisss, así que entiendo que tener muchas compañeras está bien en los mundos de ambos dragones. Pero lo que no entiendo es porqué te comprometes tan seriamente a una edad tan temprana con un dragón que ni siquiera es de tu raza.

—Otra vez... no lo entiendes –replicó, con exagerada paciencia–. Creo que es hora de que conozcas a nuestra madre de cría. Ella te lo podrá explicar mejor. Yo, por mi parte, estaré con mis amigos que desean felicitarme.

Jake envió una llamada urgente a nuestra madre de cría y, sacudiéndome la cabeza, se dirigió a la entrada de la cueva y emprendió el vuelo.

Tenía razón. No tenía ni idea de cómo interpretar su comportamiento. Había esperado mucho tiempo para hablar con mi madre de cría, ya que la última vez sólo fue una visión recordada de ella descargando sus recuerdos ancestrales en mí y nada que yo pudiera llamar una conversación. Sin embargo, lamenté las circunstancias y me pregunté si había cometido un grave error de juicio. Estaba ocupada repasando la desagradable conversación con mi hermano dragón cuando una hembra añil madura aterrizó en la entrada de la cueva. Mirando en la oscuridad, me vio y, levantando polvo con sus grandes garras, avanzó. Me quedé pegada al sitio. Era más grande que Jake y yo estaba en su cueva. Sin saber qué decir o hacer, no hice nada.

—Vamos –me dijo, mirándome con ojos ámbar–. No hay porqué sentir nervios.

Te conozco tan bien como a ese hermano de nido tuyo.

—Tengo recuerdos de haber estado en tu cueva cuando Jake estaba en el huevo, sin embargo conocerte en el presente es diferente –respondí.

—Sólo es diferente para tus sentidos humanos. Para los dragones, como ya deberías saber, el tiempo es fluido y podemos experimentar el pasado, el presente o el futuro, fluyendo mentalmente a través de la corriente del tiempo. Pero no es por eso que estoy aquí. Entiendo de Jaakelousekindvron que necesitas instrucción sobre las relaciones entre machos y hembras aquí.

Mi madre dragón sonrió con indulgencia, tranquilizándome. Era hermosa para los estándares de los dragones. Sus escamas añiles brillaban de salud y tenía un carácter cálido y acogedor. Se me ocurrían muchas preguntas que quería hacerle, pero preferí ir directamente a la cuestión central que me atormentaba.

—¿Cómo me criaste? Después de todo, soy un humano, no un dragón, así que no entiendo si estaba en un huevo o qué.

—Jajaja –respondió con buen humor–. Los humanos tienen preguntas muy extrañas. En el mundo astral superior, puedes adoptar cualquier forma que desees. Los seres que supervisan la evolución de nuestros dragones se coordinan con los seres que supervisan la evolución humana y otras evoluciones. Sabían que buscabas en los cuerpos astral y causal una experiencia consciente de nuestro mundo porque ustedes, como Jaakelousekindvron, estaban destinados a ser puentes entre evoluciones. Tu padre dragón y yo fuimos creados a lo largo de las generaciones para albergarlos a ambos juntos en el nido.

—Dios mío–respondí asombrada–. ¿Por generaciones?

—Por supuesto, desde hace generaciones que los grandes seres todo lo saben . No es sólo tu evolución, son todas las evoluciones. ¿Nunca has considerado esto?

—Supongo que no –respondí–, pero ahora sí. Volviendo a mi pregunta, ¿estaba en un huevo?

—Sí, en nuestro mundo astral superior, estabas en un huevo.

—En un sueño despierto, recuerdo haber estado en tu cueva y bajo tu pecho, pero era humana, no dragona. ¿Cómo explicas eso?

—Despertaste en tu forma humana en nuestro mundo astral y no entendías cómo interpretar tu experiencia. Sin embargo, no era el momento adecuado para que nos conocieras conscientemente.

—Tienes razón –respondí–. Antes, en mi vida, no habría entendido cómo pude ponerme un cuerpo de dragón y viajar a tu mundo. Si no hubiera explorado el mundo elemental y conocido a gente en la Tierra que eran híbridos de varias evoluciones, como elfos, ángeles y dragones, nunca habría creído que podía estar en un huevo de dragón en el mundo astral superior.

Las palabras de mi madre habían resonado con varias capas de verdad y esta verdad se había instalado en cada célula de mi cuerpo. Me observó con aprobación y preparé mi segunda pregunta.

—¿Tienes otros polluelos? Y, si es así, ¿son también de otras razas?

—Actualmente no tengo otros polluelos, pero he tenido dos en el pasado. Eran de nuestra raza de dragones. Necesitaba adquirir experiencia con los polluelos antes de que me dieran la responsabilidad de criarlos a ti y a tu hermano de nido juntos, ya que ambos tienen la misión de crear un puente entre los mundos humano y dragón. Como has visto, la cría implica algo más que mantener los huevos calientes.

Las madres de cría deben transmitir a los polluelos los recuerdos de sus antepasados y esto requiere práctica para aprender el momento adecuado para enseñar a los polluelos.

Tuve curiosidad.

—¿Mi padre astral es el mismo padre de tus otros polluelos?

—En absoluto –respondió–. El primer semental era índigo como yo y bastante viejo; el segundo era zafiro y mucho más joven. Necesitaba experiencia con otros linajes y temperamentos antes de aparearme con tu antiguo semental rubí.

—Ah, tengo una pregunta difícil –Dudé ya que no quería ofenderla–. No quiero que pienses que soy una desagradecida por aprender de Jake, pero ¿por qué no recibí a un dragón más adulto y experimentado, como tú?

—Jaakelousekindvron tiene un alma antigua y está destinado a ser un líder progresista entre nosotros. Me siento honrada de haber sido su madre de cría. Es más flexible que los dragones mayores y más compasivo que la mayoría de nosotros. Tiene todas las cualidades y la información que necesitas para tu tarea y lo que no sabe, tiene la suficiente inventiva como para averiguarlo.

—Esto me lleva a la siguiente pregunta –y seguí–, Jake parece estar interesado en aparearse con una hembra joven, pequeña, esmeralda, de baja frecuencia, que también resulta ser la actual pareja del embajador de su mundo. Jake le dejó claras sus futuras intenciones y ella se mostró definitivamente interesada. ¿Es aceptable este tipo de comportamiento?

—Es inteligente al haber puesto ya en marcha este plan. Al hacerlo, deja claro que uno de sus objetivos será colaborar estrechamente con los dragones de baja frecuencia. Y elegir a la actual compañera de su embajador es brillante. ¿Lo entiendes, verdad? –preguntó mi madre de cría no cuestionando el juicio de Jake, sino el mío.

—Quería que hablara contigo porque dudaba de él –confesé–. Ahora, gracias a tu explicación, comprendo mejor las diferencias entre las formas de aparearse y relacionarse de los humanos y los dragones.

Me miró fijamente y me di cuenta de que estaba sopesando algo en su mente.

—Tengo una sugerencia –dijo finalmente–. Creo que sería bueno que conocieras al antiguo y sabio dragón rubí que te engendró.

—Si es posible –dije, abrumada por esta perspectiva–, preferiría conocerlo otro día. Hoy me siento insegura sobre mi capacidad para entender a los dragones, ya que he metido bastante la pata con Jake.

—Era de esperar –respondió mi madre–. No eres un dragón completo en la forma actual en que has estado visitando nuestro mundo. Tanto tú como Jaakelousekindvron están en entrenamiento.

—¿Entrenamiento? –pregunté, pidiéndole mentalmente que dijera más– Jaakelousekindvron se convertirá en un puente entre muchas evoluciones. Empezará con los humanos y ustedes fueron polluelos juntos para darle una ventaja en la comprensión de tu raza.

Su respuesta me llevó a preguntarme cuántos años viven los dragones para que Jake tuviera tiempo de cumplir su propósito.

—Muchos miles de años –respondió a mi pregunta.

—Eso está bien para él, pero los humanos tienen una vida corta, así que quizá hubiera sido mejor para ambos haber elegido una raza más longeva.

—Tu visión es muy corta –intervino ella–. Para estar completamente enraizado, Jaakelousekindvron debe comenzar su entrenamiento en un mundo físico denso, por lo tanto, la Tierra. En segundo lugar, debe llegar a ser eficaz en el trabajo en el mundo astral inferior, por lo tanto, el mundo dragón de baja frecuencia. Todos los seres, incluido tú, evolucionan físicamente, astralmente, causalmente e incluso más allá. Él y tú han estado trabajando juntos en todas estas frecuencias. Incluso cuando tu insignificante vida humana física termine, seguirás evolucionando astralmente y causalmente como lo estás haciendo incluso mientras hablamos.

—Ya lo sé –repliqué, molesta por el sermón.

—Te hemos ofrecido una maravillosa oportunidad de tomar conciencia en las frecuencias astrales inferiores y superiores –replicó mi madre de cría con indulgencia–. Hay maestros humanos interactuando con nuestros dragones altamente evolucionados en el mundo causal y tú estás en entrenamiento para unirte a ellos.

—¿Estás segura? –pregunté.

—Es tu destino como puente entre evoluciones. Por eso trabajaste primero con los elementales en un mundo astral de baja frecuencia y ahora con nosotros. Tú y Jaakelousekindvron se están entrenando para ello y este entrenamiento abarca miles de años.

Intenté asimilar todo lo que había dicho. En teoría, sabía que todos los seres evolucionan a través de frecuencias cada vez más altas. Además, al examinar el trabajo de mi vida con humanos, elementales y ahora dragones, tenía sentido que el propósito de mi alma fuera continuar con esto. Sin embargo, viviendo el día a día, rara vez pensaba en el destino de mi alma. Mi madre de cría no me apresuró. En lugar de eso, siguió mis pensamientos en silencio.

—Ya he dicho todo lo que quería decir –dijo con firmeza–. Tu padre está más adelantado en evolución que yo, así que es mejor que te reúnas con él para aprender cómo evolucionan los dragones hacia una conciencia superior.

—¿Vendrán Jake o tú conmigo? –pregunté esperanzada, ya que no quería ir sola.

Mi madre respondió bruscamente:

—No es apropiado. Ni yo ni Jaakelousekindvron nos atreveríamos a molestarlo.

—¿Pero yo debería hacerlo? Eso no tiene sentido –repliqué, cada vez menos dispuesta a seguir su sugerencia.

A ella le hizo gracia y replicó:

—Una vez más, no entiendes el protocolo de los dragones. Te lo explicaré. Primero, como humana, eres una invitada en nuestro mundo. Segundo, él es tu padre y nunca lo has conocido y deberías hacerlo. Tercero, él es un guía a mundos superiores y, como tal, necesitas hablar con él. Cuarto,...

—Está bien –intervine, entendiendo el mensaje–. No hay necesidad de cuarto o quinto, estoy de acuerdo. Sin embargo, prefiero reunirme con él otro día, ya que estoy bastante agotada. Pero antes de que te vayas, te agradecería mucho que me dieras instrucciones sobre cómo y dónde reunirme con mi padre...

—Tu intuición ES correcta –dijo mi madre al notar mi cansancio–. Sería mejor que lo conocieras otro día. Así que, procedamos con la instrucción, ¿de acuerdo?

Asentí con la cabeza y ella continuó:

»Medita profundamente en un lugar tranquilo para alcanzar frecuencias aún más altas de las que ya has alcanzado. Luego, extiéndete mentalmente y pide permiso para visitarlo.

—Siento interrumpir, pero, viendo que no lo conozco, ¿cómo me pondré en contacto con él? No quiero molestar a otro dragón.

Me explicó mi madre.

—Eres su familia. Él reconocerá tu llamada y tú reconocerás su firma energética. No lo compliques. Pensar demasiado es un rasgo humano inútil.

Con sus últimas palabras, se puso en pie para marcharse

—Gracias por describirme el proceso –respondí agradecida–. ¿Podría hacer otra pregunta?

—¿Cuál es?

Ahora que tenía toda su atención, le pregunté:

—Por favor, disculpa cualquier insulto, pero ¿cuáles son exactamente tus cualidades para que hayas sido elegida para ser mi madre de cría?

Abriendo completamente sus alas para exponer su parte inferior, reveló lo azules que eran.

—A través del linaje zafiro, fui criada para ser compasiva, lo que combinado con el linaje índigo espiritual me hizo perfecta para criarte a ti y a Jake, como tú lo llamas.

—Aprecio tu compasión y generosidad y agradezco que te eligieran como mi madre de cría. ¿Nos volveremos a ver?

—Tal vez –respondió ella, poniéndose de pie–. Nuestros caminos no son idénticos. A pesar de tu coloración índigo dominante, tu camino y el de Jaakelousekindvron están, en muchos aspectos, más alineados con el de tu padre.

—¿Y cuál es tu camino? –pregunté, intentando que me respondiera una pregunta más.

—Ya basta –intervino ella–. Me necesitan en otra parte y cualquier pregunta importante será contestada por tu padre.

Sonriéndome por última vez, caminó enérgicamente hacia la entrada de la cueva y salió volando.

Muy segura de que Jake podría responder a algunas de las preguntas que me quedaban, esperé a ver si volvía. No lo hizo. Supuse que había decidido no intervenir en la petición de nuestra madre de cría de que hablara con nuestro padre. Por lo tanto, cansada de mantener un cuerpo de dragón, volví a mi forma humana y regresé a casa.

El Dragón Cósmico

Varios días después, en el solsticio de invierno, estaba sentada tranquilamente en el jardín de meditación con el sol cayendo sobre mí. Aunque era finales de diciembre en Canadá, hacía tanto calor como un día de otoño. El solsticio de invierno es el primer día del nuevo año, cuando el sol empieza a fortalecer su camino hacia la primavera. Era el momento perfecto para conocer a mi padre dragón.

Entrando en meditación más profunda, me preguntaba cómo contactar con él cuando oí:

—Estoy listo para recibirte ahora.

Podía oírlo, pero no verlo. No era como las conversaciones que había mantenido con otros dragones. Aun así, intuí que no había tiempo que perder pensando porqué no podía verle. Supe intuitivamente que las preguntas cósmicas, más que las personales, serían las más apreciadas por él.

—¿Tienen el equivalente a un solsticio de invierno en el mundo de los dragones?

Empecé a tantear cómo empezar.

Respondió con una voz profunda y sabia:

—Los planetas y los sistemas solares existen y se mueven dentro del diseño de la Fuente de Todo. Juntos, estamos unidos en la rejilla de la evolución continua que se mueve desde las frecuencias más bajas a las más altas y más allá en el silencio de la Fuente de Todo. Esto sólo se puede conocer en el silencio del espacio profundo, en lo que ustedes llaman el Vacío, que es la existencia sin forma fuera del espacio y del tiempo. Primero lo encuentras como un vacío que reboza de potencial. Y eso es lo que elijo conversar contigo hoy.

Hizo una pausa para asegurarse de que lo seguía antes de continuar.

»Rara vez desciendo a una frecuencia lo suficientemente baja como para comunicarme contigo o con seres como tú. Lo dudo porque ralentiza mi evolución, que consiste en renunciar a todo apego a los mundos de forma. Sin embargo, como son mis familiares, no podía rechazar la llamada.

—Pero, padre, aún no lo había llamado –respondí.

—Lo sé –respondió mi padre–, pero tu madre de cría hizo una llamada dentro de las frecuencias superiores encapsulando la semilla de lo que deseas saber. Donde yo existo, todo es potencial. Ya no me siento inclinado a manifestarme porque sólo tengo un deseo: unirme a la Fuente de Todo en una fusión cada vez mayor para conocer y cumplir su mandato lejos de la forma. Este es el viaje en el que me encuentro. Tú y tu hermano del nido son los últimos de mi progenie. Me resistía a abandonar lo informe y regresar al mundo de la forma para cumplir mi destino contraído de engendrarlos a ambos.

—Por favor, ¿podría decirme cómo lo hizo? –pregunté cortésmente al darme cuenta ahora de cómo mis preguntas le alejaban de los reinos sin forma.

—Mentalmente –respondió–. Cuando tú o cualquier ser alcanza el nivel en el que yo existo, toda la fecundación se produce mentalmente.

Ya no hay necesidad de interacción física ni de coito. No hay deseo, sólo un deber persistente de desempeñar el último papel para el que uno fue diseñado en el mundo de la forma. Así pues, hoy hablo contigo para cumplir mi contrato con la Fuente de Todo.

Me preocupaba que Jake no se beneficiara, como yo, de hablar con nuestro padre y le pregunté:

—Padre, ¿por qué hablar sólo conmigo? ¿Por qué no a mi hermano?

—Entiende el destino del dragón y la secuencia de los pasos –respondió–. Cada sacrificio y cada progreso se enseñan en el nido, imbuidos en los recuerdos de tu madre de cría. Él lo entiende, mientras que tú, que eres humana, no, por lo que necesitas palabras.

—¿Todos los linajes de dragones tienen esta oportunidad de ir más allá de la forma?

Pregunté, queriendo entenderlo completamente.

—Por supuesto, todos los linajes de dragones y todas las razas de todos los sistemas solares y del cosmos tienen esta oportunidad.

—¿Es más difícil para un rubí que, digamos, para un dragón zafiro o índigo? –indagué, sabiendo que era un dragón rubí aunque no pudiera verlo.

—No –respondió–. El rubí tiene más voluntad y energía vital que los dragones de muchos otros linajes. Mi voluntad está alineada con la voluntad cósmica en las frecuencias causales superiores. Eso no significa que otros linajes no tengan cualidades igualmente deseables que les permitan elevarse a la existencia superior sin forma. Cada ser debe utilizar sus fuerzas y aprovechar las oportunidades dadas por la Fuente de Todo y seguir el camino hasta su conclusión. Esto es lo que estoy haciendo.

—Padre, cuando era más joven, ¿alguna vez dudó, vaciló o retrocedió? –pregunté, ya que he dudado de mí misma y he sido perezosa muchas veces.

—Sí, por supuesto –respondió–. Se trata de una etapa normal en el proceso evolutivo, a medida que uno refina cada vez más su naturaleza espiritual y abandona el mundo de la forma. Este proceso aumenta en velocidad y se hace más difícil a medida que uno se acerca al mundo sin forma. No lo dudes nunca. Así, a menudo es difícil para un ser determinar el progreso a medida que el ser va separando cada hebra del mundo de la forma.

Me fascinó todo lo que dijo y me habría gustado hablar con él durante días, pero sabía que no iba a ser así. Eligiendo la pregunta que más me interesaba, le pregunté:

—¿Cuál es su función?

—Función es una palabra que se usa en frecuencias bajas –empezó mi padre–. Es una palabra más de *hacer* y yo soy más de *ser*. Sin embargo, comprendo tu pregunta. Me entrego profundamente y me fusiono con la Fuente del Todo. Abandono mi identidad como dragón rubí e incluso como dragón. Sin embargo, paradójicamente, mientras me disuelvo en un nivel, evoluciono en otro. Me estoy convirtiendo en un Dragón Estelar, un ser de las estrellas.

En mi juventud, hace miles de años, en tu época –continuó–, recorrí caminos estelares hacia innumerables mundos físicos y astrales. Tenía curiosidad, quizá más que la mayoría de los de mi especie, por ver por mí mismo otros entornos, otros sistemas solares y cómo vivían otras evoluciones. Más tarde, me convertí en un viajero cósmico que viajaba lejos, muy lejos, por la rejilla de luz para traer conocimientos al mundo de los dragones. Otros me consideraban un líder y me convertí en el jefe del linaje rubí. Por un lado, era un honor y algo a lo que aspirar. Por otro, el orgullo y la responsabilidad con mi raza me obligaron a permanecer en el mundo de las formas. Estaba encadenado cuando mi alma, mi yo más profundo, deseaba libertad para explorar el reino causal superior. Ahora, una vez más, salgo de allí para viajar por las estrellas, pero esta vez como Dragón Estelar.

Era la primera vez que oía este término y quería asegurarme de que entendía lo que decía, así que le pregunté:

—¿Qué es un Dragón Estelar?

—Los humanos nos llaman «el Dragón Cósmico». Tienen maestros humanos que han ido más allá del espacio y del tiempo, y nosotros, dragones, también.

—Pero yo he visto al Dragón Estelar, al Dragón Cósmico –dije–. Y sigo viviendo en el mundo físico dentro del espacio y el tiempo. ¿Cómo es posible si el Dragón Estelar está más allá de la forma?

—Mmm, qué polluela perspicaz–respondió–. Sé lo que has visto, *pero* no sabes del todo lo que has visto. Nosotros, los Dragones Estelares, no somos uno; somos muchos que han abandonado la forma. Sin embargo, la Fuente de Todo pide a algunos que regresen a los reinos de las formas superiores para ayudar en la evolución de los planetas, los sistemas solares y el cosmos. Este es el papel de nuestra hermandad.

Recién mencionaste la palabra *función* y podría decirse que esa es nuestra función, aunque insisto en que no es una palabra que nos pertenezca. Nuestra función está más allá del mundo del pensamiento. Es un mundo de ser. Estamos unidos en armonía con la Fuente de Todo. Yo sólo estoy en las primeras etapas de esta unión, así que no puedo hablar desde la profundidad de la experiencia, pero puedo señalar el camino hacia este reino. Aquí, los maestros humanos, los maestros dragones, los seres del agua, los fénix y muchos otros viven en un estado de potencial. Conocen y respiran los destinos de planetas y razas.

—Me resulta difícil seguir lo que dices –admití.

—Por supuesto que es difícil–dijo–. Las palabras no pueden transmitir lo que somos, aunque lo intentamos, para que puedas vislumbrar tu potencial, el destino de tu alma, no como individuo, sino el destino colectivo de tu raza.

Aún intentaba entender por qué había visto a los Dragones Estelares, así que pregunté

—¿Los Dragones Estelares trabajan solo con dragones?.

—Algunos sí y otros no.

—Como sabrás, Mahavatar Babaji me pidió que escribiera este libro sobre el mundo de los dragones. ¿Es un dragón?

Mi padre respondió:

—Es un dragón. También es humano. Es un Dragón Estelar.

—No entiendo cómo puede ser ambas cosas –dije, buscando claridad.

—Sé que no lo entiendes, polluela. Escribe exactamente lo que te he dicho y con el tiempo se aclarará para ti y para los demás. Hemos terminado nuestra reunión. Que estés bien y cumple tu destino.

Con estas últimas palabras, rompió el vínculo telepático y se alejó de mi oído. Me sentí honrada de que mi padre, un Dragón Estelar, hubiera venido a una frecuencia más baja para hablar conmigo y sentí que la conversación fue completa.

Últimas palabras

Alo largo de mi experiencia con mi hermano de nido, mi madre de cría y mi progenitor, no podía entender cómo yo, una humana, podía ser criada como un dragón. No discutía la exactitud de lo que cada uno de ellos me había contado ni mis experiencias reales en el mundo de los dragones. Mi cuestión no resuelta radicaba por completo en mi apego a mi cuerpo físico como humana, que no podía conciliar con el hecho de estar físicamente emparentada con dragones.

Sólo cuando terminé de escribir el libro y dejé de lado esta cuestión, la respuesta a mi pregunta llegó por sí sola.

¡SOY UN DRAGÓN en el mundo de los dragones!

Hasta el momento en que me di cuenta, creía que era una humana dentro de un cuerpo de dragón cuando visitaba el mundo de los dragones. Lo que había cambiado era que ahora reconocía que tenía otra existencia como dragón que vivía en el mundo de los dragones.

Antes, no podía permitirme aceptar esta realidad porque, al hacerlo, negaba mi identificación como humana. Ahora, sin embargo, sabía que era humana en la realidad tridimensional de mi vida terrestre y que era un dragón en la frecuencia astral superior del mundo de los dragones. Mi hermano dragón había aludido a ello cuando empezamos a conocernos, pero no había arraigado en mí. No estaba preparada para saberlo.

Esta revelación me abrió la puerta para comprender más profundamente lo que Jesús quiso decir cuando dijo: «*En la casa de mi Padre hay muchas mansiones*»[4].

La casa de su Padre es el cosmos y cada mansión es otro mundo. Y... si soy un dragón en el mundo de los dragones, podría ser simultáneamente un ser de agua en el mundo de las sirenas y otro ser en otro mundo. Todas estas existencias podrían existir simultáneamente en diferentes mundos y frecuencias.

Quedaba una pregunta. ¿Por qué mi hermano dragón y los demás habían fingido que yo era humana cuando visité su mundo en mi cuerpo de dragón? Mientras me hacía esta pregunta, ya sabía la respuesta. Me veían como yo me veía a mí misma: como un ser humano dentro de un cuerpo de dragón.

Además, me di cuenta de que mi familia de dragones era consciente de que yo era un dragón de pleno derecho en su mundo y esperaban a que yo experimentara esta revelación por mí misma. Todos los seres, sean humanos, dragones o de otra clase, deben descubrir por sí mismos lo que yo había comprobado ahora. Nadie puede ayudar a nadie a pasar de la teoría al conocimiento interior profundo. Había entrado en un lugar nuevo, un cambio de paradigma en la conciencia, un gigantesco *ajá* que ocurre si somos muy afortunados y tenemos un momento de gracia y claridad.

Mi siguiente conocimiento fue que Mahavatar Babaji, al pedirme que escribiera sobre el mundo dragón, me había ofrecido la llave para abrir la puerta a este nuevo paradigma. No sólo quería que adquiriera conocimientos, ¡sino que me catapultó energéticamente a esta nueva realidad! Y yo, como todos los seres, tenía libre albedrío para decir *sí* o *no*. Gracias al cielo, Babaji fue paciente con el tiempo que me tomé para cumplir su petición mientras equilibraba mis deseos humanos con las prioridades del alma como ser multidimensional.

Todas estas revelaciones se produjeron al mismo tiempo. Las delgadas barreras caladas como gasas que me separaban de cada conocimiento se disolvieron instantáneamente sin esfuerzo.

Tal vez te preguntes, basándote en las pistas de mi historia, cómo no pude ver que tenía otra vida como dragón en el mundo de los dragones. Fui víctima de lo que en psicología se denomina *«sesgo de confirmación»*, que es la tendencia a buscar, interpretar, favorecer y recordar información de forma que confirme o apoye las creencias o valores previos. No podemos ver más allá de nuestras propias creencias. Se sabe que incluso los científicos niegan los resultados de sus experimentos si no coinciden con sus ideas preconcebidas. Al hacerlo, también tienen un sesgo de confirmación.

Esto es lo que me pasó a mí, porque la respuesta, mirándome a la cara, era tan chocante que debí de saber inconscientemente que, si creía que era un dragón, muchas de mis creencias anteriores, las que me daban una base estable para mi vida humana, se derrumbarían. Cuando te encuentras en un paradigma determinado, todo se ajusta a las creencias de ese paradigma, lo que te proporciona una sensación de seguridad y comodidad que te permite saber cómo funcionar.

Cuando entra una idea o experiencia desde un nuevo paradigma, la idea puede resultar confusa y amenazadora para tu paradigma actual. Así que la tendencia es resistirse, incluso negar la información entrante.

Mi antiguo paradigma se había ido erosionando poco a poco a lo largo de mis conversaciones con los dragones. Me había aferrado a mi identidad humana porque creer que al mismo tiempo era un dragón era demasiado amenazador. Cambiar esta creencia tuvo el efecto cascada de disolver mi antiguo paradigma, en el que sólo tenía una identidad. En el nuevo paradigma, tenía varias identidades y vidas en muchos mundos diferentes. Esto puede parecer una aventura emocionante a primera vista, y lo es, pero si miras más a fondo, te darás cuenta de que consiste en un viaje sin igual hacia lo desconocido, algo con lo que los humanos no se sienten cómodos porque significa aprender un nuevo conjunto de reglas y acciones.

Llevaba varios días sin hablar con Jake, mi hermano dragón, y no se había despedido cuando me dejó con nuestra madre de cría. Ahora me daba cuenta de que se había atenido a los tiempos del Espíritu y tenía que esperar a que esta revelación despertara en mí para poder o querer volver a hablar conmigo. Antes, yo era una visitante en su mundo. Ahora sabía que era residente.

Notas finales

Capítulo 3 - Cómo viajan los dragones a través del espacio

[1] El libro de Tanis Helliwell *Good Morning Henry: Un viaje en profundidad con la Inteligencia Corporal* ayuda a las personas a trabajar con su cuerpo y su espíritu.

[2] Paramahansa Yogananda, *La Autobiografía de un Yogui*, Self-Realization Fellowship (Asociación para la autorrealización), Los Ángeles, 1946, impresión 2011, p. 354-355.

Capítulo 9 - Dragones y Hologramas

[3] El libro de Tanis Helliwell *Decoding Your Destiny: Keys to Humanity's Spiritual Transformation* (Decodifica tu destino: las claves para la transformación espiritual de la humanidad) es un recurso útil para conocer las etapas por las que ha pasado la humanidad y nuestra próxima etapa evolutiva.

Capítulo 20 - Últimas palabras

[4] Juan 14:2-6

Agradecimientos

Doy las gracias a Prajnaparamita y Christoph Wasser, que confiaron en mí para contar la historia de cómo el dragón se cruzó en sus vidas. Sin su apoyo, este libro sería muy diferente.

Gracias a Jenny Lou Linley, que revisó el manuscrito sin editar y aportó muchas sugerencias para mejorar el libro, y a Tracey Schavone, que me acogió en su casa, donde hice otra edición.

Donna Miniely prestó su ojo de lince al manuscrito, aún en desarrollo, y sus sugerencias y las de Margaret Mills fueron excelentes. Gracias también a Marc Vallee, que pidió aclaraciones sobre los distintos reinos astrales en los que viven dragones, elementales y humanos, y a Janet Rouss, que sugirió ideas para la portada y me animó a tomar clases de vuelo.

Nita Kay Alvarez, amiga híbrida de dragón desde hace más de tres décadas, realizó la edición final y adaptó la imagen de dragón de Jake. Y, como siempre, mi agradecimiento a Melany Hallam, que realizó con maestría la maquetación y la cubierta final del libro. Gracias a Ornella Quinteros, cuya dedicación y sensibilidad hicieron posible que estas palabras viajaran con alma al idioma español.

Sobre el autor

TANIS HELLIWELL ha visto reinos superiores y hablado con Maestros, ángeles y elementales desde su infancia. Caminando por muchos mundos, dirigió excursiones a lugares sagrados durante dos décadas, fue consultora de gestión trabajando con universidades, gobiernos y empresas durante más de 30 años, y dirigió una consulta de  psicoterapia especializada en transformación espiritual.

En 2000, fundó el Instituto Internacional para la Transformación (IIT), que ofrece programas para ayudar a las personas a convertirse en creadores conscientes para trabajar con las leyes espirituales que rigen nuestro mundo. Su don es ayudar a los demás a desarrollar una vida personal guiada por el alma en armonía con la Tierra.

Su conocimiento y comprensión de otros mundos y reinos espirituales puede encontrarse en algunos de sus libros más populares: *Un verano con los duendes, The Leprechaun's Story, Hybrids: So You Think You Are Human, The High Beings of Hawaii y Buenos días, Henry.*

Para escribir al autor, encargar libros o mp3, o recibir información sobre próximos talleres, póngase en contacto con:

TANIS HELLIWELL
1766 Hollingsworth Rd.,
Powell River, BC., CanadáV8A 0M4

tanis@tanishelliwell.com

tanishelliwell.com

www.facebook.com/Tanis.Helliwell